성경 묵상과 예화

365일 가정예배와 Q. T.

성경 묵상과 예화

정영철 지음

이 땅에 기독교가 전래된 지 벌써 100년이 지나 선교 2세기를 향하고 있다. 그동안 교단과 교파를 초월하여 많은 변화를 가져왔고 지역적으로 큰 교회가 건물을 자랑하듯이 우뚝 세워지고 있으며 중소 교회와 각종 선교단체도 존재하고 있다. 기독교를 가장한 속칭 이단도 등장하였으나 존재할 가치도 없는 거짓 선지자나 적그리스도는 멸절되고 타파되어야 마땅하다.

한국교회는 양적으로 부흥과 성장을 가져왔으나 질적으로 새롭게 정립되어 성경을 읽고 묵상하는 데 그치는 것이 아니라 실생활에 적용하여 훈련하는 것이 필요하다. 그동안 훌륭하신 많은 분이 수많은 좋은 책을 발간하여 교회 발전에 공헌하고 많은 업적을 남겼다. 그러나 돌이켜 보면 오늘날 여러 가지 국가와 사회현상으로 전쟁과 전염병과 지진과 폭풍 등으로 살기는 힘들고 어려움에 직면하고 있다. 이러한 현상들은 예수님께서 말씀하신 대로 계속 진행 중이며 신앙의 새로운 정립이 요구되고 있다.

여기에서 탈피할 수 있는 길은 기독인들부터 성령으로 거듭나 새롭게 개혁되어야 한다. 그래서 그 방안으로 성경을 읽고 묵상하며 우상이 근절되고 나라와 민족과 통일을 위해 기도해야 할 것이다. 그래서 창세기부터 요한계시록까지 중요한 부분이라도 좀 더 많이 읽고 변화되는 그리스도인이 되기 위하여 연구하여 가정예배 중심으로 성경 공부와 묵상을 통해서 성령의 사람이 되도록 구성하여 보았다.

이 땅에 육신을 입고 오신 예수님을 구주로 믿고 사도바울처럼 끝까지 신앙을 사수하며, 베드로처럼 다시 오실 주님께 소망을 두고, 야고보처럼 행함이 있는 실천 신앙을 소유하며, 마지막으로 사도요한을 통해서 계시하고 있는 말씀들을 인지할 때가 아닌가 싶다.

이 책을 통하여 불신자들도 '회개하라 천국이 가까웠느니라'란 하나님의 말씀을 염두에 두고 믿음으로 구원받고 천국 가며 영생하는 하나님의 사랑의 법칙에 순복하여 하나님의 자녀가 되기를 바란다.

우리 모두 재림주로 심판주로 영광주로 다시 오실 예수님을 맞이할 준비를 잘하는 그리스도인들이 되어 가정과 사업과 직장과 모든 생업에 하나님의 은혜와 축복이 늘 함께하시며 건강한 그리스도인들이 되시기를 주님의 이름으로 축원합니다. 할렐루야, 아멘.

2024년 12월 성탄절을 앞두고
새하늘 교회 명예 정영철 목사 드림

본 교제는 초교파적으로 사용하여 기독교 복음 진리에 합당한 성령의 사람이
되는 데 목적이 있습니다.

목차

이 책을 출간하며

4~5

730 연간 주요 성경 묵상표

8~43

365일 아침과 저녁 Q.T.

44~115

성경 예화

116~162

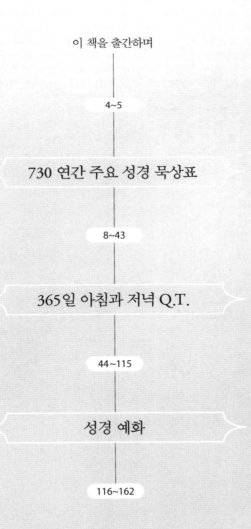

◆ 1.1.1. 기도는 아침과 점심과 저녁에 최소한 나라와 민족과 통일을 위하여 1분 이상 생활하면서 마음속으로 기도합니다. (나라는 세계 선교, 민족은 예수 구원, 통일은 남북통일을 의미합니다.)

◆ 예배는 새벽에 준한 아침 6시와 저녁 9시에 10분 정도로 드리며 연간 신구약 730 성경 말씀을 중심으로 묵상합니다. (절기와 연대와 무관하며 찬송을 겸하여 불러도 되며, 성경 전체를 부인하거나 오해하거나 가감해서도 안 됩니다.)

◆ 최소한 성경의 중요한 부분을 날마다 말씀을 읽고 묵상하여 변화된 그리스도인이 되기를 힘씁니다. (시간이 있을 때 나머지 부분을 읽거나 성경 전체를 통독하되 신약을 먼저 읽고 구약은 나중에 읽어도 됩니다.)

새하늘 교회 명예 정영철 목사

730 연간 주요 성경 묵상표

제언

성경 구약 39권과 신약 27권을 합하여 총 66권에 담겨 있는 1,189장을 순차적으로 읽어 나가면 ① 창조 족장 시대, ② 출애굽 광야 시대, ③ 가나안 정복 사사 시대, ④ 통일 왕국 시대, ⑤ 분열 왕국 포로 시대, ⑥ 선지자 예언 시대, ⑦ 예수그리스도 복음 시대, ⑧ 초대교회 시대, ⑨ 종말 심판 시대, ⑩ 영원무궁 천국 시대와 영원 멸망 지옥 시대로 대별할 수 있습니다.

우리가 살고 있는 이 시대는 인종과 국경을 초월하여 역사를 주관하시는 하나님을 불신하고 외면하며 하나님의 존재를 부인하고 사는 사람들이 많이 존재하고 있습니다. 불신자는 성경을 모독하기도 하며 신자도 피곤하고 지치고 고단한 삶을 핑계로 하나님의 말씀이 담긴 성경을 탐독하거나 묵상하지 않음으로 인해 영적으로 갈증을 느끼며 하나님의 은혜를 상실하고 세속에 물들어 가는 사람들도 있습니다. 그러므로 불신자는 회개하고 예수님을 믿고 구원을 받아야 하며 신자들도 매일 성경을 읽되 앞뒤 문맥이 주는 의미를 이해해야 합니다. 성경을 통독할 때 좀 더 폭넓게 말씀을 소화해야 하며, 한 장 속에 들어 있는 말씀 가운데 중요하다고 생각되어 감동을 받는 말씀이 한 절이 될 수도 있고 또는 두세 절이 될 수도 있으며 한 단락이 중요하게 느껴질 수도 있습니다.

예수님께서 이 땅에 육신을 입고 오셔서 40일을 금식하시고 공생애 사역을 시작하실 때 많은 사람이 환영한 것이 아니라 마귀가 나타나서 '당신이 하나님의 아들이면 돌을 가지고 떡으로 만드시오' 말합니다. 예수님은 마태복음 4장 4절에 '사람이 떡으로만 살 것이 아니요 하나님의 입으로부터 나오는 모든 말씀으로 살 것이라' 말씀하셨는데 성경에는 수많은 살아 있는 말씀이 기록되어 있습니다. 그 가운데 창세기 1장 3절에 하나님이 이르시되 빛이 있으라 하시니 빛이 있었고, 그 후 신명기 28장 1절에 네가 네 하나님 여호와의 말씀을 삼가 듣고 내가 오늘 네게 명령하는 그의 모든 명령을 지켜 행하면 네 하나님 여호와께서 너를 세계 모든 민족 위에 뛰어나게 하실 것이라 말씀하십니다. 시편 119편 11절에 내가 범죄하지 아니하려 하여 주의 말씀을 내 마음에 두었나이다, 58절에 내가 전심으로 주께 간구하였사오니 주의 말씀대로 내게 은혜를 베푸소서, 130절에 주의 말씀을 열면 빛이 비치어 우둔한 사람을 깨닫게 하나이다, 말씀하십니다. 신약성경 요한복음 1장 1절에 태초에 말씀이 계시니라 이 말씀이 하나님과 함께 계셨으니 이 말씀은 곧 하나님이시니라, 히브리서 4장 12절에 하나님의 말씀은 살아 있고 활력이 있어 좌우에 날 선 어떤 검보다도 예리하여 혼과 영과 및 관절과 골수를 찔러 쪼개기까지 하며 또 마음의 생각과 뜻을 판단하신다, 말씀하십니다. 성경의 마지막 부문인 요한계시록 1장 3절에는 이 예언의 말씀을 읽는 자와 듣는 자와 그 가운데에 기록한 것을 지키는 자는 복이 있나니 때가 가까움이라, 말씀하고 있습니다.

마귀가 말씀에 패배하고 두 번째 성전으로 가서 뛰어내리면 천사가 와서 당신의 발이 돌에 부딪히지 않도록 할 것이다, 말합니다. 마태복음 4장 7절에 '예수께서 이르시되 또 기록되었으되 주 너의 하나님을 시험하지 말라 하였느니라 하시니', 말씀하십니다. 이 말씀도 예수님께서 가르치신 주의 기도에서 시험에 들게 하지 마시옵소서, 누가복음 11장 4절에 말씀하고 있습니다. 마태복음 6장 13절에서도 우리를 시험에 들게 하지 마시옵고 다만 악에서 구하시옵소서. (나라와 권세와 영광이 아버지께 영원히 있사옵나이다 아멘.) 주님은 우리가 생활 속에서 승리하기 위하여 기도하기를 원하고 계십니다. 예수님 당시 소아시아 일곱교회 곧 에베소 교회, 서머나 교회, 버가모 교회, 두아디라 교회, 사데 교회, 빌라델비아 교회, 라오디게아 교회 가운데 가장 칭찬을 받은 빌라델비아 교회에 하신 말씀은 요한계시록 3장 10절에 '네가 나의 인내의 말씀을 지켰은즉 내가 또한 너를 지켜 시험의 때를 면하게 하리니 이는 장차 온 세상에 임하여 땅에 거하는 자들을 시험할 때라', 그 당시뿐만 아니라 현재와 앞으로 주님 오실 때까지 마귀와 사탄과 귀신의 악한 영의 시험에 빠지지 않도록 기도해야 합니다. 항상 기뻐하라 쉬지 말고 기도하라 범사에 감사하라 이것이 그리스도 예수 안에서 너희를 향하신 하나님의 뜻이니라(데살로니가전서 5장 16-18절), 말씀하십니다. 그러므로 마귀, 사탄, 귀신뿐만 아니라 그 부류에 속하는 바알세불이나 벨리알 같은 배설물이나 쓰레기 더미나 마치 시궁창과 같은 귀신의 영에서 벗어나야 하며 사악하고 사특한 적그리스도 사탄의 세력을 기도로 물리쳐야 합니다.

마지막으로 두 번째 시험에 패배하자 마귀는 높은 산으로 가서 천하만국이 자기의 소유로 자기에게 경배하고 절하면 모든 것을 다 주겠다고 거짓 진술을 합니다. 마태복음 4장 10절 '이에 예수께서 말씀하시되 사탄아 물러가라 기록되었으되 주 너의 하나님께 경배하고 다만 그를 섬기라 하였느니라', 마귀가 떠나가고 천사들이 나아와 수종 드는 모습을 봅니다. 옛 지경의 납달리와 스블론 땅은 물론 강 건너편 갈릴리 이방 사람들에게까지도 이사야 선지자를 불러 쓰게 하시고 예언한 말씀(이사야 9장 1-2절)이 예수님이 이 땅에 오셔서 갈릴리 사역을 감행하심으로 이루어진 것을 볼 수 있습니다. 하나님은 세례요한을 먼저 보내어 회개하라 '천국이 가까이 왔다' 말씀하시고 반복적으로 예수님께서 말씀하신 천국 복음은 회개의 복음이며 치유의 복음이며 구원의 복음입니다. 그러므로 먼저 회개하고 믿으면 어느 민족이나 어떠한 종족이나 어떠한 족속도 구원받고 영생을 합니다. (요한복음 3장 16절, 하나님이 세상을 이처럼 사랑하사 독생자를 주셨으니 이는 그를 믿는 자마다 멸망하지 아니하고 영생을 얻게 하려 하심이라, 사도행전 16장 31절, 주 예수를 믿으라 그리하면 너와 네 집이 구원을 받으리라, 로마서 10장 9절, 네가 만일 네 입으로 예수를 주로 시인하며 또 하나님께서 그를 죽은 자 가운데서 살리신 것을 네 마음에 믿으면 구원을 받으리라.) 그러나 마태, 마가, 누가복음의 공관복음서를 제외한 교리 부분에 관해서 말씀하고 있는 영적 복음서인 요한복음 3장 3절에 사람이 거듭나지 아니하면 하나님의 나라를 볼 수 없고, 5절에 사람이 물과 성령으로 나지 아니하면 하나님의 나라에 들어갈 수 없느니라. 계속 거듭남을 예수께서 강조하셨습니다. 인종과 국경을 초월하여 아무나 예수님을 구주(그리스도)로 믿으면 구원받지만 성도는 무엇보다도 성령으로 새롭게 변화되어 성령의 사람이 되어야 합니다. (디모데전서 4장 5절 참조.)

그러나 경제적으로 갈수록 살기도 어렵고 시간을 내어 성경 통독을 하기가 그렇게 쉽지 않기 때문에 매일 잠시라도 성경을 10분 정도 읽고 묵상하고 예배하며 기도하는 일이 시급하다고 생각됩니다. 하나님은 천지 만물을 창조하시고 사람을 피조물의 으뜸으로 만드셨으나 에덴동산에서 아담의 범죄 이후 동산에서 쫓겨난 후 성서적으로 셀 수 없는 수많은 사건이 발생하였고 지금도 발생하고 있으며 앞으로도 발생할 것입니다. 구약시대 선지자들을 불러 예언한 언약대로 이 땅에 육신을 입고 예수님은 구주로 구세주로 구원주로 오셨으며 부활 승천하신 주님은 성경대로 분명하게 또다시 재림주로 심판주로 영광주로 오실 것입니다. (요한계시록 22장 7절, 12절, 20절 참조.)

이제 온 인류의 죄 때문에 십자가를 지고 우리의 죄를 대신하여 고난받으신 주님은 장사 지낸 후 사흘 만에 성경대로 다시 살아나셨으며 부활 승천하여 하늘의 하나님 보좌 우편에 살아 계십니다. (히브리서 1장 1-3절, 8장 1절, 베드로전서 3장 22절 참조.)

지금 우리는 초대교회 이후 고백하고 있는 사도신경(사도신조)을 계승하여 성부와 성자와 성령의 삼위일체의 하나님(창세기 1장 26절, 11장 7절, 이사야 61장 1절, 누가복음 3장 21-22절, 마태복음 28장 19절, 고린도후서 13장 13절)을 믿고 있습니다. 삼위일체 교리는 종교개혁 이후의 교회사상으로 이를 배격하는 것은 신학적으로 이단에 속하기 때문에 우리는 삼위일체이신 하나님을 믿어야 합니다. 그러므로 구약시대에 역사하신 여호와 하나님은 성부 하나님이시며 이 땅에 육신을 입고 오신 그리스도는 성자 예수님이시며 승천하신 이후에 믿는 자에게 보내신 성령은 보혜사 성령님으로 삼위의 하나님은 곧 예수님이시며 심판과 구원을 완성하기 위해서 분명히 또다시 오실 것입니다. (마태복음 24장 29-31절, 사도행전 1

장 10-11절, 데살로니가전서 4장 16-17절, 요한계시록 1장 7-8절 참조.)

믿음으로 구원받고 영생하고 천국 가는 하나님의 구속적 사랑의 법칙에 감사하며 하나님을 믿고 예배(경배)하고 주님을 섬기는 일이 무엇보다 시급하며 우선되어야 합니다. 요한복음 4장 23절에 아버지께 참되게 예배하는 자들은 영과 진리로 예배할 때가 오나니 곧 이때라 아버지께서는 자기에게 이렇게 예배하는 자들을 찾으시느니라, 말씀하고 계십니다. 교리서신 로마서 9장 4절에 그들은 이스라엘 사람이라 그들에게는 양자 됨과 영광과 언약들과 율법을 세우신 것과 예배와 약속들이 있고 (9장 전체의 결론 부분 30-33절의 내용은 믿음을 강조함), 로마서 12장 1절 그러므로 형제들아 내가 하나님의 모든 자비하심으로 너희를 권하노니 너희 몸을 하나님이 기뻐하시는 거룩한 산 제물로 드리라 이는 너희가 드릴 영적 예배니라, 반복적으로 예배를 강조하고 있습니다.

이러한 성경적 관점에서 살펴보면 말씀과 기도와 예배를 중요하게 말씀하고 계시는 하나님의 뜻을 따라 예수님을 그리스도로 믿고 반드시 주일(안식 후 첫날 예수님께서 살아나신 주의 날)을 지키며 예배를 드려야 합니다. 예배 생활을 계속하다가 하나님의 은혜로 성령을 체험하기도 하고 성경을 읽다가 성령 받아 변화되기도 하고 골방에서 무릎 꿇고 기도하다가 불같은 뜨거운 성령을 체험하기도 하고 질병에서 고침을 받아 신유의 은사를 체험하기도 하고 천재지변의 재난을 통하여 주님을 믿고 성령을 체험하기도 하고 어떠한 사건을 통하여 알게 모르게 실패하고 좌절하다가 믿고 기도하다가 성령 받기도 하고 교회의 설교를 통하여 성령을 받거나 일반적인 꿈이 아닌 신령한 계시적인 꿈이나 환상을 보여 주어 하나님께서 불러 사역자로 삼으시기도 하시지만 어디까

지나 신비주의나 인본주의나 이성주의를 철저하게 배격하고 성경의 권위를 고수하며 성경을 토대로 성경을 기준 삼아야 합니다. 그리하여 주님을 영접하고 천국의 시민권자가 되어 하나님의 뜻대로 살아야 합니다. (누가복음 22장 42절, 요한복음 6장 40절, 빌립보서 3장 20-21절, 데살로니가전서 5장 16-18절 참조.)

결론적으로 예수 믿고 예배하고 성경 읽고 기도하는 삶이 중요하며 그 방안으로 연간 성경 전체를 일독하면 좋으나 살기도 힘들고 바쁘고 힘든 세상에 성경 통독이 그렇게 쉽지 않기 때문에 전자에 말씀드린 대로 핵심이 되는 성경의 중요한 부분이라도 전후 관련된 맥락을 이해하기 위해서 1월에는 성경 전체의 1장 부분과 2월부터 11월까지는 신구약 성경의 중요한 부분을 말씀하고 계시는 장이나 단락과 마지막 12월은 성경의 마지막 끝장을 읽고 좀 더 변화되는 그리스도인이 되기를 원하여 관련성이 있는 많은 성경 가운데 축소하여 신약을 한 번 더 통독하기를 권장합니다.

신자는 성경에 기록된 말씀을 깊이 탐구하고 연구하기보다는 순수하게 읽다가 마음에 감동이 되거나 회개할 부분이 있다고 생각되면 잠시라도 반성하고 자성하여 새사람으로 변화되는 그리스도인이 되어야 합니다. 성경을 순차적으로 읽는다고 창세기 1장 1절 '태초에 하나님이 천지를 창조하시니라'부터 읽어 나가다가 그만두는 사람들도 있습니다. 신약성경 마태복음 1장 1절 '아브라함과 다윗의 자손 예수그리스도의 계보라'부터 읽어 나가다가 마태, 마가, 누가복음의 공관복음서는 비슷한 말씀이 많이 있어 왜 이러한가? 의심하며 중도에 성경 통독을 포기하는 사람들도 있습니다. 영적으로 교리 부분이 담겨 있는 요한복음까지 합하여 사복음서를 읽고 사도행전을 비롯하여 승천하신 이후의 종말에 일어날 요한계시록까지 묵상하고 숙독하고 탐독하다가 은혜로운 말씀이 마음을 변화시켜 회개하고 성령으로 거듭난 천국 백성으로 부르심 받아 하나님께서 주신 아홉 가지 은사(로마서 12장 6-8절)를 활용하여 신앙생활에 최선을 다해야 합니다.

　다시 말씀드리면 창세기 1장 1절 '태초에 하나님이 천지를 창조하시니라'에서 시작하여 말라기 4장 6절 '그가 아버지의 마음을 자녀에게로 돌이키게 하고 자녀들의 마음을 그들의 아버지에게로 돌이키게 하리라 돌이키지 아니하면 두렵건대 내가 와서 저주로 그 땅을 칠까 하노라 하시니라'로 구약성경 말씀은 끝납니다. 신약성경은 마태복음 1장 1절 '아브라함과 다윗의 자손 예수그리스도의 계보라'로 시작하여 예수님께서 이 땅에 구주로 오셔서 말씀하신 복음서와 역사서인 사도행전과 바울서신 13권과 사도서신 8권과 마지막 예언서인 요한계시록 22장 21절 '주 예수의 은혜가 모든 자들에게 있을지어다 아멘'으로 구약 39권과 신약 27권 도합 성경 66권 말씀을 통독하면 성경에 기록되어 있는 살아 있는 생명의 말씀은 모두 끝을 맺습니다. 그러나 모든 성경은 하나님의 계시와 영감으로 조직되어 있고 직업이 다양한 40여 명의 사람들을 불러 쓰게 하신 원저자는 하나님이십니다. 예수님께서 이 땅에 오셔서 직접 말씀하신 1점 1획도 변함없는 (마태복음 5장 18절, 디모데후서 3장 16절, 베드로후서 1장 20-21절, 요한계시록 22장 19절 참조.) 신구약성경의 구약은 오실 예수, 복음서는 오신 예수, 사도행전부터 요한계시록까지는 다시 오실 예수님에 관한 말씀으로 성경 전체의 하나님 말씀을 인간적으로 가감하여 해석하고 탐구하기보다는 순수하게 읽어 나가다가 은혜로운 말씀이라고 생각될 때 그 말씀을 마음속 성전(고린도전서 3장 16절)에 새기고 생활에 적응하고 훈련하여 성령의 사람이 되어야 합니다.

성경의 중요한 핵심 부분을 한 장이라도 날마다 읽고 우리가 음식물을 골고루 섭취하여 건강한 삶을 살듯이 1년에 1독을 하되 창세기에서부터 요한계시록까지 잠시 10분 정도라도 읽고 묵상하고 기도하여 예배를 생활화하여 말씀 중심의 삶을 살아야 합니다.

지금 우리는 예배 시대, 성령 시대, 재림 시대에 살고 있으며 아침은 6시 저녁은 9시 전후를 기준으로 예배하며 한낮에는 삶의 현장에서 일하며 기도하여 하늘에 계신 주님과 교통하고 교제하며 생활해야 합니다. 나라와 민족과 통일을 위해서 무시로 기도하며 세계 선교와 민족 복음화와 남북통일을 위해서 기도할 때입니다. 나라는 세계 선교, 민족은 예수 구원, 통일은 남북통일을 표방하며 이 목표가 이루어지도록 우리는 계속적으로 기도해야 합니다. 기도는 살아서 역사를 이끌어 가시고 주관하시고 통치하시고 구원하시는 만왕의 왕이신 하늘에 계신 하나님과의 대화이며 교제이며 호흡입니다. 이제는 이 땅에 존재하는 많은 나라와 민족과 종족과 족속들이 세계 선교가 이루어지도록 기도해야 합니다. 그것은 복음이 유대에서 헬라로 헬라에서 이방으로 전파되어 널리 퍼져 나갔기 때문입니다. 우리는 아침 점심 저녁에 하나님께서 만드신 생산물을 먹고 입고 보고 쓰고 느끼며 살면서 최소한 하루에 세 번 1.1.1. 기도조차 못 한다는 것은 편견이기도 합니다. 아침과 저녁에는 날마다 가정예배를 드리며 기도하고 한낮에는 삶의 현장에서 열심히 일하며 마음속으로 주님과 기도로 교통하고 교제해야 합니다. 가족이나 친척이나 계층을 초월하여 이념과 사상과 종교가 다른 이방인들을 위해서도 기도하고 선교하시기 바랍니다.

　성도 여러분, 좀 더 기도와 말씀으로 영적으로 새롭게 거듭나 나 자신은 물론 이웃과 나라와 세계에 유익이 되는 천국 백성들이 되시기 바랍니다. 우리를 시험에 들게 하고 유혹하며 죄악을 범하게 하는 악한 마귀와 사탄과 귀신의 악령을 성령으로 물리치고 성령의 아홉 가지 열매(갈라디아서 5장 22-23절)를 맺어야 합니다. 사도바울처럼 야고보처럼 베드로처럼 요한처럼 나아가 우리 주 예수그리스도를 닮고 주님을 따라가며 주님의 뜻대로 살아야 합니다. 연관된 성경 구절이 너무 많으므로 축소하여 초신자도 쉽게 이해하고 참조하도록 하였습니다.

　아래 730 성경 묵상표는 통독만 하고 부록으로 Q.T.를 권장하며 하나님께서 기뻐하시는 그리스도인이 되시기를 주님의 이름으로 축원합니다. 할렐루야! 아멘!

2024년 성경 묵상표 (절기 무관)

1	창 1:1−31 (찬 478)	마 1:1−25 (찬 96)
2	롬 1:1−32 (436)	레 1:1−17 (242)
3	출 1:1−22 (197)	전 1:1−18 (486)
4	약 1:1−27 (342)	시 1:1−6 (28)
5	고전 1:1−31 (528)	막 1:1−45 (505)
6	갈 1:1−24 (502)	욥 1:1−22 (350)
7 주일	잠 1:1−33 (546)	눅 1:1−80 (94)
8	행 1:1−26 (461)	욘 1:1−17 (348)
9	요일 1:1−10 (268)	민 1:1−54 (352)
10	요 1:1−51 (138)	욜 1:1−20 (523)
11	신 1:1−18 (200)	렘 1:1−19 (351)
12	히 1:1−14 (483)	느 1:1−11 (254)
13	엡 1:1−23 (93)	암 1:1−15 (523)
14 주일	삼상 1:1−28 (364)	옵 1:1−21 (310)
15	살전 1:1−10 (461)	수 1:1−18 (336)
16	빌 1:1−30 (325)	에 1:1−22 (544)
17	유 1:1−25 (278)	삿 1:1−36 (352)
18	나 1:1−15 (254)	요이 1:1−11 (216)
19	스 1:1−11 (321)	룻 1:1−22 (559)
20	대상 1:1−54 (292)	미 1:1−16 (263)
21 주일	몬 1:1−25 (210)	호 1:1−11 (520)
22	딤전 1:1−20 (521)	사 1:1−31 (255)
23	골 1:1−29 (438)	단 1:1−21 (447)
24	딛 1:1−16 (436)	합 1:1−17 (259)
25	아 1:1−17 (220)	겔 1:1−28 (27)
26	말 1:1−14 (266)	애 1:1−22 (91)
27	왕상 1:1−53 (368)	학 1:1−15 (540)
28 주일	습 1:1−18 (150)	요삼 1:1−15 (569)
29	벧전 1:1−25 (421)	슥 1:1−21 (525)
30	계 1:1−20 (200)	창 2:1−25 (79)
31	시 2:1−12 (262)	마 2:1−23 (70)

▼ 동해에 떠오른 태양

1	요 2:1–25 (365)	에 2:1–23 (428)	
2	막 2:1–28 (351)	잠 2:1–22 (424)	
3	출 2:1–25 (272)	롬 2:1–29 (252)	
4 주일	살전 2:1–20 (325)	미 2:1–13 (151)	
5	고전 2:1–16 (288)	시 3:1–8 (521)	
6	눅 2:1–52 (94)	아 2:1–17 (89)	
7	사 2:1–22 (179)	수 2:1–24 (263)	
8	시 4:1–8 (60)	욥 2:1–13 (341)	
9	행 2:1–47 (191)	합 2:1–20 (545)	
10	마 3:1–17 (320)	사 5:1–30 (302)	
11 주일	갈 2:1–21 (330)	삿 2:1–23 (516)	
12	요 3:1–36 (183)	시 5:1–12 (280)	
13	빌 2:1–30 (310)	출 3:1–22 (401)	
14	시 6:1–10 (438)	민 3:1–51 (216)	
15	엡 2:1–22 (292)	룻 2:1–23 (495)	
16	히 2:1–18 (295)	눅 3:1–38 (305)	
17	단 2:1–49 (23)	시 7:1–17 (70)	
18 주일	약 2:1–13 (456)	욜 2:1–32 (359)	
19	겔 2:1–10 (535)	전 2:1–26 (483)	
20	요일 2:1–29 (351)	암 2:1–16 (430)	
21	시 8:1–9 (67)	사 6:1–13 (499)	
22	살전 3:1–13 (179)	시 9:1–11 (395)	
23	골 2:1–23 (370)	슥 4:1–14 (270)	
24	계 2:1–29 (333)	고전 3:1–23 (421)	
25 주일	시 10:1–11 (10)	호 2:1–23 (527)	
26	요 4:1–54 (487)	민 6:1–27 (425)	
27	벧전 2:1–25 (269)	시 11:1–7 (493)	
28	눅 4:1–44 (436)	창 3:1–24 (254)	
29	나 2:1–20 (545)	말 2:1–17 (311)	

1	롬 3:1-18 (252)	창 4:1-26 (283)
2	막 3:1-35 (549)	사 7:1-25 (85)
3 주일	눅 5:1-39 (565)	욘 2:1-10 (365)
4	겔 3:1-27 (266)	마 4:1-25 (342)
5	빌 3:1-21 (359)	민 9:1-23 (180)
6	시 13:1-6 (380)	삼상 12:1-25 (364)
7	단 3:1-30 (184)	수 3:1-17 (360)
8	딤전 2:1-15 (320)	잠 3:1-35 (449)
9	창 5:1-32 (447)	신 3:1-29 (355)
10 주일	계 3:1-22 (526)	출 4:1-31 (268)
11	렘 6:1-30 (361)	민 10:1-36 (295)
12	시 14:1-7 (387)	수 4:1-24 (358)
13	살전 4:1-18 (430)	슥 6:1-15 (502)
14	눅 6:1-49 (407)	단 4:1-37 (184)
15	마 5:1-48 (220)	사 9:1-21 (272)
16	민 11:1-35 (327)	렘 7:1-34 (337)
17 주일	시 16:1-11 (401)	요 5:1-47 (250)
18	삼상 15:1-35 (280)	렘 9:1-26 (353)
19	마 6:1-34 (216)	호 6:1-11 (266)
20	딤전 3:1-16 (208)	사 11:1-16 (242)
21	마 7:1-29 (270)	창 6:1-22 (277)
22	출 6:1-30 (272)	시 17:1-15 (380)
23	막 3:1-35 (549)	삼상 17:1-58 (348)
24 주일	엡 3:1-21 (210)	렘 10:1-25 (273)
25	시 18:1-30 (391)	겔 7:1-27 (525)
26	사 12:1-6 (384)	요 6:1-71 (254)
27	계 4:1-11 (428)	암 3:1-15 (538)
28	막 4:1-20 (495)	시 19:1-14 (80)
29	창 7:1-24 (302)	잠 3:1-35 (449)
30	시 20:1-9 (354)	수 5:1-15 (8)
31 주일	고전 4:1-21 (269)	창 8:1-22 (400)

4월

1	욥 8:1–22 (380)	시 21:1–13 (585)	
2	막 5:1–43 (423)	창 9:1–29 (488)	
3	삼하 22:1–51 (321)	암 5:1–27 (545)	
4	시 22:1–31 (542)	사 14:1–32 (272)	
5	마 8:1–34 (400)	신 4:1–49 (208)	
6	겔 11:1–21 (359)	시 23:1–6 (569)	
7 주일	엡 4:1–31 (180)	왕상 11:1–43 (91)	
8	신 5:1–33 (430)	눅 7:1–50 (436)	
9	출 7:1–25 (151)	시 24:1–10 (67)	
10	고전 5:1–13 (197)	사 19:1–25 (525)	
11	갈 3:1–29 (423)	왕상 17:1–24 (91)	
12	겔 13:1–23 (347)	전 3:1–22 (486)	
13	욥 11:1–20 (439)	시 25:1–22 (438)	
14 주일	고전 6:1–20 (263)	렘 15:1–21 (521)	
15	마 9:1–38 (425)	잠 4:1–27 (419)	
16	딤전 4:1–16 (523)	왕상 18:1–46 (348)	
17	요 7:1–53 (216)	겔 14:1–23 (351)	
18	시 26:1–12 (65)	단 5:1–31 (534)	
19	잠 5:1–23 (280)	갈 4:1–20 (528)	
20	왕하 1:1–18 (492)	딤전 5:1–25 (266)	
21 주일	딛 2:1–15 (94)	시 27:1–14 (336)	
22	히 3:1–19 (447)	사 21:1–17 (324)	
23	시 28:1–9 (23)	잠 6:1–35 (450)	
24	요일 3:1–24 (341)	창 11:1–32 (354)	
25	렘 16:1–21 (252)	살후 1:1–12 (175)	
26	암 6:1–14 (337)	시 29:1–11 (428)	
27	요 8:1–51 (358)	렘 17:1–27 (543)	
28 주일	마 10:1–42 (507)	겔 17:1–24 (278)	
29	시 30:1–12 (369)	갈 5:1–26 (183)	
30	고전 7:1–40 (323)	창 12:1–20 (508)	

1	행 3:1—26 (28)	시 31:1—24 (515)
2	전 4:1—16 (301)	왕하 1:1—18 (492)
3	딤후 1:1—18 (279)	골 3:1—25 (267)
4	시 32:1—11 (524)	창 13:1—18 (515)
5 주일	잠 7:1—27 (401)	마 11:1—30 (337)
6	슥 8:1—23 (441)	계 5:1—14 (27)
7	막 6:1—56 (559)	시 33:1—22 (438)
8	약 3:1—18 (502)	습 2:1—15 (212)
9	행 4:1—31 (588)	시 34:1—19 (406)
10	롬 4:1—25 (200)	출 8:1—32 (260)
11	전 5:1—20 (214)	왕하 2:1—14 (430)
12 주일	시 35:1—28 (93)	잠 8:1—36 (549)
13	겔 20:1—49 (348)	호 8:1—14 (585)
14	딤후 2:1—26 (353)	시 36:1—12 (401)
15	고전 8:1—13 (325)	민 14:1—45 (350)
16	사 24:1—13 (70)	신 6:1—25 (423)
17	요 9:1—41 (442)	욘 3:1—10 (278)
18	시 37:1—40 (419)	고전 9:1—27 (449)
19 주일	잠 9:1—18 (208)	삿 6:1—40 (341)
20	눅 8:1—56 (425)	시 38:1—22 (387)
21	고전 10:1—33 (347)	계 6:1—17 (358)
22	창 14:1—24 (406)	단 6:1—28 (492)
23	시 39:1—13 (200)	출 9:1—35 (499)
24	행 5:1—42 (336)	렘 21:1—14 (461)
25	사 26:1—21 (386)	고전 11:1—34 (447)
26 주일	막 7:1—23 (445)	롬 5:1—21 (457)
27	출 10:1—29 (535)	시 40:1—17 (214)
28	고전 12:1—31 (197)	호 10:1—15 (336)
29	시 41:1—13 (425)	삿 7:1—25 (352)
30	요 10:1—42 (569)	수 6:1—27 (351)
31	렘 23:1—40 (391)	계 7:1—17 (242)

1	출 11:1–10 (500)	시 42:1–11 (438)
2 주일	마 12:1–50 (321)	계 8:1–13 (180)
3	렘 24:1–10 (523)	고전 13:1–13 (304)
4	롬 6:1–23 (218)	눅 9:1–62 (440)
5	사 29:1–24 (527)	시 44:1–26 (273)
6	행 6:1–15 (505)	전 6:1–12 (95)
7	시 46:1–11 (70)	막 8:1–38 (216)
8	마 13:1–58 (587)	행 7:1–60 (507)
9 주일	고전 14:1–40 (423)	시 47:1–9 (27)
10	출 12:1–51 (265)	단 9:1–27 (337)
11	딤후 3:1–17 (488)	욥 19:1–29 (190)
12	사 30:1–33 (270)	시 48:1–14 (524)
13	행 8:1–40 (491)	잠 10:1–32 (459)
14	롬 7:1–25 (252)	사 32:1–20 (421)
15	시 50:1–15 (95)	렘 26:1–24 (341)
16 주일	엡 4:1–32 (289)	수 7:1–26 (261)
17	사 33:1–24 (151)	창 15:1–21 (272)
18	행 9:1–43 (288)	시 51:1–19 (259)
19	민 17:1–13 (263)	잠 11:1–31 (450)
20	고전 15:1–58 (180)	출 13:1–22 (387)
21	시 53:1–6 (425)	행 10:1–48 (91)
22	민 18:1–32 (327)	롬 8:1–39 (184)
23 주일	고후 1:1–24 (486)	계 9:1–21 (235)
24	겔 29:1–24 (251)	잠 12:1–28 (365)
25	딤후 2:1–26 (348)	사 35:1–10 (242)
26	히 4:1–16 (305)	시 59:1–17 (483)
27	행 11:1–30 (210)	출 14:1–31 (502)
28	시 61:1–8 (435)	전 7:1–18 (447)
29	계 10:1–10 (545)	행 12:1–25 (546)
30 주일	딤후 3:1–17 (200)	시 62:1–12 (539)

1	계 11:1–19 (502)	사 38:1–22 (305)
2	엡 5:1–21 (421)	마 14:1–36 (135)
3	요 11:1–57 (216)	창 16:1–16 (406)
4	시 63:1–11 (288)	왕하 20:1–21 (268)
5	사 40:1–31 (354)	출 15:1–27 (301)
6	눅 10:1–42 (314)	시 65:1–13 (304)
7 주일	히 5:1–14 (287)	막 9:1–50 (218)
8	시 66:1–20 (365)	행 13:1–52 (520)
9	삿 16:1–31 (254)	잠 13:1–25 (450)
10	호 10:1–15 (525)	시 67:1–7 (75)
11	요 12:1–50 (428)	신 7:1–26 (347)
12	갈 5:1–26 (197)	사 41:1–29 (400)
13	시 72:1–20 (210)	창 17:1–27 (295)
14 주일	욘 3:1–10 (500)	잠 14:1–35 (272)
15	사 42:1–25 (358)	렘 29:1–32 (535)
16	겔 28:1–25 (26)	시 73:1–28 (292)
17	눅 11:1–54 (364)	전 8:1–17 (270)
18	출 16:1–36 (214)	사 43:1–28 (338)
19	시 79:1–13 (384)	창 18:1–33 (520)
20	잠 15:1–33 (212)	히 6:1–20 (435)
21 주일	마 15:1–39 (351)	시 80:1–19 (90)
22	수 8:1–35 (285)	민 20:1–29 (400)
23	시 84:1–12 (67)	계 12:1–17 (348)
24	사 45:1–25 (353)	사 44:1–28 (352)
25	창 19:1–38 (499)	시 86:1–17 (433)
26	잠 16:1–20 (235)	창 20:1–18 (425)
27	시 90:1–17 (79)	민 21:1–35 (545)
28 주일	히 7:1–28 (266)	출 17:1–16 (526)
29	수 11:1–23 (357)	렘 30:1–24 (521)
30	요 13:1–35 (341)	시 92:1–15 (382)
31	전 9:1–18 (263)	창 21:1–34 (325)

1	계 13:1–18 (348)	잠 17:1–28 (270)
2	민 23:1–30 (302)	창 22:1–24 (216)
3	시 93:1–5 (67)	히 8:1–13 (27)
4 주일	눅 12:1–59 (175)	출 18:1–27 (265)
5	렘 31:1–40 (408)	시 95:1–11 (569)
6	마 16:1–28 (267)	전 10:1–20 (263)
7	출 19:1–25 (580)	민 24:1–25 (360)
8	시 96:1–13 (179)	사 48:1–22 (384)
9	잠 18:1–24 (327)	시 97:1–12 (29)
10	창 25:1–34 (342)	겔 30:1–26 (360)
11 주일	막 10:1–52 (144)	시 98:1–9 (302)
12	사 49:1–20 (254)	에 7:1–10 (310)
13	시 100:1–5 (277)	잠 19:1–29 (542)
14	히 9:1–28 (250)	겔 31:1–18 (436)
15	겔 33:1–33 (266)	신 8:1–20 (324)
16	사 52:1–15 (268)	출 20:1–26 (200)
17	렘 32:1–44 (546)	시 102:1–28 (369)
18 주일	행 14:1–28 (525)	슥 9:1–17 (180)
19	시 103:1–22 (65)	눅 13:1–35 (419)
20	요 14:1–31 (365)	창 26:1–35 (214)
21	마 17:1–27 (351)	시 104:1–35 (36)
22	잠 20:1–30 (438)	요 15:1–27 (90)
23	시 105:1–45 (386)	사 53:1–12 (439)
24	행 15:1–41 (508)	대상 16:1–36 (325)
25 주일	히 10:1–39 (352)	시 107:1–43 (272)
26	눅 14:1–35 (449)	잠 21:1–31 (430)
27	시 108:1–13 (213)	계 14:1–20 (597)
28	욥 28:1–28 (400)	신 9:1–29 (218)
29	막 11:1–33 (364)	시 112:1–10 (310)
30	히 11:1–40 (353)	겔 34:1–31 (570)
31	요 16:1–33 (364)	말 3:1–28 (216)

1 주일	행 16:1−40 (336)	시 115:1−18 (447)
2	사 54:1−17 (360)	막 12:1−44 (314)
3	마 18:1−35 (425)	창 28:1−22 (338)
4	시 116:1−19 (197)	사 55:1−13 (527)
5	벧전 3:1−22 (423)	잠 22:1−35 (341)
6	렘 32:1−44 (525)	겔 36:1−37 (151)
7	마 19:1−1−30 (574)	시 118:1−29 (542)
8 주일	잠 23:1−35 (342)	눅 15:1−32 (273)
9	겔 37:1−28 (251)	슥 10:1−12 (523)
10	전 11:1−10 (278)	사 56:1−12 (421)
11	롬 9:1−33 (285)	시 119:1−176 (200)
12	욥 29:1−25 (187)	암 8:1−14 (284)
13	렘 33:1−26 (303)	신 10:1−22 (436)
14	사 57:1−21 (348)	겔 38:1−23 (175)
15 주일	벧전 4:1−19 (408)	마 20:1−34 (151)
16	잠 24:1−34 (263)	수 14:1−15 (435)
17	롬 10:1−21 (287)	호 11:1−12 (539)
18	눅 16:1−31 (333)	렘 36:1−32 (267)
19	슥 11:1−17 (569)	시 120:1−7 (327)
20	마 21:1−46 (210)	렘 39:1−18 (436)
21	욥 38:1−41 (478)	시 121:1−8 (383)
22 주일	롬 11:1−36 (521)	눅 17:1−37 (456)
23	요 17:1−26 (540)	잠 25:1−28 (266)
24	벧후 1:1−21 (539)	마 22:1−46 (314)
25	시 122:1−9 (491)	신 11:1−32 (597)
26	마 23:1−39 (516)	대상 17:1−27 (352)
27	겔 39:1−29 (423)	시 124:1−8 (214)
28	창 35:1−15 (277)	사 58:1−14 (496)
29 주일	시 125:1−5 (543)	막 13:1−37 (179)
30	사 59:1−21 (259)	눅 18:1−48 (261)

10월

1	시 126:1-6 (496)	렘 42:1-22 (364)
2	계 15:1-8 (64)	욥 36:1-33 (272)
3	사 60:1-22 (521)	시 127:1-5 (235)
4	요 18:1-40 (423)	잠 26:1-28 (213)
5	시 128:1-6 (559)	렘 43:1-13 (301)
6 주일	고전 15:1-58 (180)	사 61:1-11 (268)
7	출 24:1-18 (546)	시 130:1-8 (438)
8	계 16:1-21 (538)	욥 37:1-24 (499)
9	시 132:1-18 (354)	욥 38:1-41 (64)
10	눅 17:1-37 (436)	신 28:1-68 (287)
11	욥 40:1-14 (305)	고후 2:1-17 (365)
12	슥 11:1-17 (523)	시 135:1-23 (29)
13 주일	렘 44:1-30 (348)	수 23:1-16 (350)
14	시 136:1-26 (393)	호 12:1-14 (254)
15	고후 3:1-18 (180)	벧후 2:1-22 (423)
16	잠 27:1-27 (287)	사 62:1-12 (539)
17	계 17:1-18 (197)	시 138:1-8 (336)
18	사 63:1-19 (190)	고후 4:1-18 (428)
19	눅 18:1-45 (212)	창 39:1-23 (342)
20 주일	슥 12:1-14 (521)	시 139:1-24 (425)
21	계 18:1-24 (348)	잠 28:1-27 (302)
22	행 17:1-34 (494)	사 64:1-12 (272)
23	고후 5:1-21 (436)	렘 45:1-5 (380)
24	슥 13:1-9 (283)	암 8:1-14 (285)
25	시 140:1-13 (337)	롬 11:1-36 (259)
26	엡 5:1-33 (220)	잠 29:1-27 (310)
27 주일	마 24:1-51 (179)	시 143:1-12 (330)
28	계 19:1-21 (29)	창 41:1-57 (435)
29	시 144:1-15 (488)	렘 46:1-28 (522)
30	행 18:1-28 (500)	욥 40:1-24 (400)
31	고후 6:1-18 (523)	시 145:1-21 (570)

▼ 한적한 가을 바다

1	눅 19:1-48 (143)	신 19:1-21 (401)
2	행 19:1-41 (350)	렘 50:1-46 (351)
3 주일	잠 30:1-33 (386)	고후 7:1-24 (486)
4	시 146:1-10 (39)	롬 12:1-20 (320)
5	행 20:1-38 (447)	요 18:1-40 (144)
6	고후 8:1-24 (321)	창 45:1-28 (310)
7	미 4:1-13 (527)	신 30:1-20 (28)
8	행 21:1-40 (510)	요일 4:1-21 (314)
9	롬 13:1-14 (401)	시 147:1-20 (586)
10 주일	요 19:1-42 (150)	고후 9:1-15 (327)
11	눅 20:1-47 (324)	행 22:1-30 (502)
12	약 4:1-17 (348)	막 14:1-72 (190)
13	신 33:1-29 (405)	출 32:1-35 (252)
14	행 23:1-35 (336)	렘 51:1-64 (585)
15	마 25:1-46 (175)	창 47:1-31 (452)
16	사 65:1-25 (436)	눅 21:1-28 (337)
17 주일	고후 10:1-18 (214)	벧후 2:1-22 (269)
18	출 33:1-23 (212)	계 20:1-15 (360)
19	살후 2:1-17 (351)	말 3:1-18 (435)
20	막 15:1-47 (154)	시 148:1-14 (79)
21	롬 14:1-23 (216)	겔 47:1-23 (500)
22	행 24:1-27 (268)	창 48:1-22 (336)
23	눅 22:1-71 (179)	행 25:1-27 (341)
24 주일	고후 11:1-33 (210)	마 26:1-75 (149)
25	미 5:1-15 (67)	눅 23:1-43 (151)
26	시 149:1-9 (65)	행 26:1-32 (338)
27	히 12:1-29 (216)	출 34:1-35 (540)
28	마 27:1-66 (180)	창 49:1-33 (492)
29	롬 15:1-33 (279)	요 20:1-31 (257)
30	행 27:1-44 (413)	고후 12:1-21 (310)

1 주일	마 28:1-20 (507)	창 50:1-26 (492)
2	행 28:1-31 (321)	출 40:1-38 (360)
3	롬 16:1-27 (370)	고전 16:1-24 (216)
4	막 16:1-20 (154)	레 27:1-34 (50)
5	고후 13:1-13 (341)	계 21:1-27 (235)
6	살전 5:1-28 (421)	민 36:1-13 (435)
7	신 34:1-12(333)	수 24:1-13 (347)
8 주일	살후 3:1-18 (384)	룻 4:1-22 (220)
9	아 8:1-14 (580)	느 13:1-31 (524)
10	삿 21:1-25 (436)	삼상 31:1-13 (353)
11	스 10:1-44 (254)	학 2:1-23 (597)
12	엡 6:1-24 (350)	겔 48:1-35 (439)
13	갈 6:1-18 (337)	렘 52:1-34 (286)
14	삼하 24:1-25 (283)	빌 4:1-23 (365)
15 주일	요일 5:1-21 (357)	잠 31:1-31 (338)
16	에 10:1-3 (151)	왕상 22:1-53 (528)
17	골 4:1-18 (210)	딤전 6:1-21 (360)
18	딛 3:1-15 (521)	암 9:1-15 (370)
19	나 3:1-19 (70)	욥 42:1-17 (429)
20	왕하 25:1-30 (268)	합 3:1-19 (521)
21	호 14:1-9 (412)	애 5:1-22 (279)
22 주일	딤후 4:1-22 (360)	대상 29:1-30 (338)
23	대하 36:1-23 (597)	말 4:1-6 (483)
24	욘 4:1-11 (301)	욜 3:1-21 (359)
25	히 13:1-25 (135)	미 7:1-20 (214)
26	습 3:1-20 (523)	요 21:1-25 (315)
27	벧전 5:1-14 (212)	단 12:1-13 (586)
28	슥 14:1-21 (23)	전 12:1-14 (449)
29 주일	약 5:1-20 (425)	사 66:1-24 (438)
30	벧후 3:1-18 (436)	시 150:1-6 (31)
31	눅 24:1-53 (180)	계 22:1-21 (246)

▼ 흰 눈 덮인 산

◆ 장별 통독한 성경 가운데 중요한 단락을 다시 한번 읽고 또다시 연관된 신약성경을 읽어 성
   령의 임재를 깨닫는 성도가 되는 데 목적이 있습니다.

365일 아침과 저녁 Q.T.

1.1	아침	천지창조는 언제 시작되었으며 그 일을 계획하고 성취하신 분은 누구이며 어떻게 창조하였는가? (창 1:1-5, 요 1:1-5)
	저녁	예수께서 탄생하여 육신을 입고 이 땅에 오신 목적은 무엇인가? (마 1:21-25, 요 3:16-21)
1.2	아침	구원의 조건이 믿음으로 복음의 주제가 되는 말씀은 무엇인가? (롬 1:16-17, 엡 2:13-22)
	저녁	번제물을 드릴 때 흠 없는 것으로 드렸던 것처럼 주님의 인격과 성품을 닮고 열납하도록 예배를 드리는 의미는 무엇인가? (레 1:1-3, 히 10:11-25)
1.3	아침	애굽의 산파들이 바로의 명령을 어기고 남자아기를 살림으로 결국 바로는 모든 백성에게 어떤 명령을 내렸는가? (출 1:15-22, 마 21:12-22)
	저녁	하나님은 솔로몬에게 지혜를 주었으나 너무 과도한 지혜와 지식은 어떤 것이 따를 수 있다고 하였는가? (전 1:12-18, 고전 1:18-25)
1.4	아침	하나님 말씀을 들으면 어떻게 하여야 하며 말씀을 실천하는 사람에게 따르는 것은 무엇인가? (약 1:19-27, 요일 2:1-6)
	저녁	복 있는 사람은 어떠한 사람인가? (시 1:1-3, 마 5:1-12)
1.5	아침	성도와 하나님과 그리스도와의 관계를 세 가지 관점에서 말씀하고 있는데 무엇인가? (고전 1:26-31, 갈 2:19-21)
	저녁	예수께서 갈릴리에서 복음을 전파하신 내용은 무엇인가? (막 1:1-15, 행 20:22-35)

1.6	아침	바울이 전한 복음이 하나님의 계시에 의하여 기록되었음을 어떻게 말씀하고 있으며 그는 어떻게 복음을 받았는가? (갈 1:11-24, 행 26:8-29)
	저녁	욥은 선악 간에 하나님께서 보실 때 어떠한 삶을 살았는가? (욥 1:8, 딤후 3:16-17)
1.7	주일 아침	하나님을 믿고 교훈의 말씀을 지켜야 하는 이유는 무엇인가? (잠 1:7-9, 골 3:16-17)
	저녁	천사가 마리아에게 전한 예수님은 어떠한 분임을 말씀하고 있는가? (눅 1:31-38, 마 3:11-17)
1.8	아침	예수님이 하늘로 올라가시기 전 하신 말씀과 승천하실 때 흰옷 입은 두 사람은 무슨 말을 하였는가? (행 1:8-11, 계 22:20-21)
	저녁	요나는 니느웨로 가지 않고 왜 다시스로 가는 배를 탔는가? (욘 1:1-3, 고전 13:4-13)
1.9	아침	우리가 죄를 하나님께 자백해야 하는 이유는 무엇인가? (요일 1:5-10, 롬 6:15-23)
	저녁	출애굽 후 가나안 정복까지 시내산을 출발한 군사는 몇 세부터 나갔는가? (민 1:1-4, 딤후 2:1-13)
1.10	아침	어떤 자에게 하나님의 자녀가 되는 권세를 주는가? (요 1:9-14, 갈 4:1-7)
	저녁	여호와께서 요엘에게 임한 메뚜기와 가뭄과 불의 재앙을 경고한 것은 무엇을 하라는 말씀인가? (욜 1:1-7, 막 1:1-8)
1.11	아침	열두 정탐꾼 중 여호수아와 갈렙의 신앙 결과는 어떻게 되었는가? (신 1:34-46, 행 13:35-39)

	저녁	여호와의 말씀이 예레미야에게 임한 소명은 무엇인가? (렘 1:4-10, 벧전 2:18-25)
1.12	아침	예수님은 구속 계획을 성취하고 하나님 보좌 우편에 계시며 무슨 일을 하고 있는가? (히 1:1-3, 행 4:10-12)
	저녁	느헤미야가 금식기도를 하며 회개한 내용은 무엇인가? (느 1:6-7, 계 14:12-13)
1.13	아침	교회의 몸과 머리는 누구인가? (엡 1:17-23, 계 3:7-13)
	저녁	이스라엘의 변방 국가 다메섹, 가사(블레셋), 두로, 에돔, 모압에 내린 동일한 심판은 무엇이며 그중 다메섹은 어떻게 되었는가? (암 1:1-5, 고후 10:8-18)
1.14	주일 아침	한나의 기도를 들어주신 여호와께 한나는 어떻게 하였는가? (삼상 1:19-28, 마 4:1-11)
	저녁	하나님은 이방 민족을 심판하시며 선택한 나라와 백성을 어떻게 회복시키는가? (욥 1:17-21, 약 5:13-20)
1.15	아침	바울이 데살로니가 교회에서 말씀하신 예수님은 어떠한 분인가? (살전 1:8-10, 벧후 1:8-21)
	저녁	여호수아가 가나안 땅에 들어가서 해야 할 일은 무엇인가? (수 1:1-9, 갈 3:23-29)
1.16	아침	예수그리스도를 믿으면 고난과 고통은 따르지 않는가? (빌 1:29-30, 롬 8:12-17)
	저녁	아하수에로왕의 왕후 와스디가 폐위된 이유가 무엇인가? (에 1:15-22, 골 3:18-25)
1.17	아침	그리스도인의 신앙 덕목은 무엇인가? (유 1:20-23, 약 1:19-27)

	저녁	여호수아가 죽은 후 가나안 족속들을 정벌하는데 어느 지파가 먼저 지명되었으며 또 누구와 함께 싸우러 나갔는가? (삿 1:1-3, 딤전 6:11-16)
1.18	아침	니느웨 사람들의 우상숭배는 어떻게 되었는가? (나 1:14-15, 엡 5:5-14)
	저녁	우리가 계명을 지켜야 하는 이유는 무엇인가? (요이 1:4-8, 요일 3:21-24)
1.19	아침	바사왕 고레스의 마음을 감동시켜 명령한 것은 무엇인가? (스 1:1-4, 고전 3:16-17)
	저녁	룻이 나오미를 끝까지 따르는 신앙은 무엇인가? (룻 1:15-18, 엡 6:1-9)
1.20	아침	아브라함의 아들 이삭이 낳은 두 계보는 누구이며 예수님은 어느 계보에 속하는가? (대상 1:34, 마 1:1-17)
	저녁	미가 선지자에게 임한 여호와의 묵시는 무엇인가? (미 1:1-7, 갈 5:16-24)
1.21	주일 아침	바울 사도는 빌레몬의 어떠한 신앙을 칭찬하였는가? (몬 1:4-7, 롬 5:12-21)
	저녁	하나님은 호세아 선지자를 불러 이스라엘이 어떻게 회복하게 된다고 말씀하셨는가? (호 1:10-11, 행 14:8-18)
1.22	아침	예수님께서 세상에 오신 목적은 무엇인가? (딤전 1:12-17, 계 1:4-8)
	저녁	하나님은 유다 백성들의 죄를 용서하고 그들에게 요구하는 것은 무엇인가? (사 1:18-20, 요일 4:7-21)

1.23	아침	창조주 하나님께서 교회를 세우신 목적은 무엇인가? (골 1:18-23, 딤전 3:14-16)
	저녁	우상숭배자 느부갓네살과 왕궁의 다니엘과 세 소년은 누구인가? (단 1:17-21, 막 3:13-19)
1.24	아침	그레데에서 사역한 디도에게 주신 말씀은 무엇인가? (딛 1:15-16, 약 2:21-26)
	저녁	하박국 선지자의 호소는 무엇인가? (합 1:13-17, 빌 4:8-9)
1.25	아침	솔로몬은 술람미 여인에게 어떠한 모습이 아름답다고 하였는가? (아 1:8-11, 딤후 1:9-14)
	저녁	에스겔이 본 여호와의 형상은 무엇인가? (겔 1:22-28, 히 1:1-3)
1.26	아침	하나님은 에돔의 사악에도 불구하고 선민 이스라엘을 사랑하여 예루살렘을 회복하실 것을 경고하신 것은 무슨 의미인가? (말 1:1-5, 롬 9:1-13)
	저녁	예레미야 선지자는 왜 탄식을 하였는가? (애 1:20-22, 롬 8:18-25)
1.27	아침	다윗은 누구에게 솔로몬을 왕위에 오르게 한다고 하였는가? (왕상 1:28-30, 딤전 1:12-17)
	저녁	바벨론 포로 귀환 후 여호와께서는 학개 선지자에게 무엇을 지시하셨는가? (학 1:3-6, 마 21:12-16)
1.28	주일 아침	스바냐에게 경고한 여호와의 날은 무엇인가? (습 1:14-18, 마 24:29-31)
	저녁	사도요한은 가이오에게 무엇을 간구하고 왜 기뻐했는가? (요삼 1:2-4, 벧전 3:8-12)

1.29 아침 우리의 영혼이 구원받는 것은 무엇으로 가능한가?

(벧전 1:7-12, 딤후 3:10-17)

저녁 스가랴 선지자를 불러 말씀하신 여호와께서는 어떠한 행위에서 돌아오라고 하셨는가? (슥 1:4-6, 요 4:20-26)

1.30 아침 예수님께서 재림하실 때 죽은 자도 살아나서 주님을 보는가? (계 1:7-8, 계 21:1-8)

저녁 하나님은 에덴동산의 각종 나무 가운데 선악을 알게 하는 나무의 열매를 먹으면 어떻게 된다고 하셨는가? (창 2:16-17, 히 9:23-28)

1.31 아침 하나님의 아들로 오신 기름 부음 받은 자 곧 메시아는 누구인가? (시 2:6-9, 막 1:1-13)

저녁 예수님은 탄생 후 헤롯이 죽이려는 음모를 피하여 애굽에서 돌아와 산 곳은 어디인가? (마 2:19-23, 행 10:36-43)

❖❖❖❖❖❖❖❖❖❖❖❖❖❖❖❖❖❖❖

2.1 아침 예수님은 사람들의 마음속까지도 다 알고 계시는가?

(요 2:23-25, 롬 1:18-25)

저녁 아하수에로왕은 왜 에스더를 왕후로 삼았는가? (에 2:17-18, 벧전 3:1-12)

2.2 아침 새 포도주를 새 부대에 넣는 이유는 무엇인가? (막 2:21-22, 골 3:12-17)

저녁 지혜가 주는 유익은 무엇인가? (잠 2:20-22, 약 3:17-18)

2.3	아침	모세는 왜 살인죄를 저질렀는가? (출 2:11-15, 히 12:25-29)
	저녁	하나님은 행한 대로 보응하시는데 어떤 사람을 영생으로 하는가? (롬 2:6-11, 요 3:16-21)
2.4	주일 아침	하나님의 말씀을 듣고 왜 말씀으로 변화되어 가는 성령의 사람이 되어야 하는가? (살전 2:10-13, 벧전 1:18-25)
	저녁	이스라엘을 바벨론 포로에서 귀환시키고 장차 오실 주님은 메시아로 왕권을 가지고 인도하시는가? (미 2:12-13, 마 16:25-28)
2.5	아침	바울이 작정한 것으로 가장 중요하게 여기는 것은 무엇인가? (고전 2:1-5, 롬 6:15-23)
	저녁	다윗은 압살롬을 피할 때 어떠한 기도를 하였는가? (시 3:7-8, 히 10:37-39)
2.6	아침	탄생하신 예수님은 누구며 주의 개념은 무엇인가? (눅 2:11-14, 고전 8:5-6)
	저녁	솔로몬은 술람미 여인의 어떠한 점을 사랑하였는가? (아 2:16-17, 행 20:28-38)
2.7	아침	주님께서 다시 오시는 그날에 어떤 일이 발생할 것인가? (사 2:12-22, 벧후 3:12-18)
	저녁	라합이 정탐꾼을 숨기고 달아 내렸는데 그들은 어떠한 내용을 보고하였는가? (수 2:15-24, 히 11:27-40)
2.8	아침	하나님은 어떠한 자를 택하시고 무슨 기도를 들어주시는가? (시 4:3-4, 딤전 4:1-8)
	저녁	욥의 아내가 욥에게 하나님을 욕하고 죽으라 말하였을 때 욥은 어떻게 답변하였는가? (욥 2:7-10, 요일 1:5-10)

2.9	아침	베드로는 어떻게 해야 하나님으로부터 성령을 선물로 받을 수 있다고 오순절에 설교하였는가? (행 2:38-42, 요 3:1-15)
	저녁	하박국 선지자에게 말씀하신 종말의 의미는 무엇인가? (합 2:1-3, 딤후 4:1-8)
2.10	아침	예수님은 언제 어디서 누구에게 세례를 받았으며 하늘에서 어떤 소리가 났으며 성령은 어떤 형태로 나타났는가? (마 3:13-17, 빌 3:17-21)
	저녁	여호와께서 심판하시는 날의 상태는 어떠한가? (사 5:26-30, 벧후 3:1-7)
2.11	주일 아침	사람이 의롭게 되는 것은 무엇으로 가능하다고 말씀하는가? (갈 2:16-21, 롬 1:16-17)
	저녁	사사시대에 이스라엘 백성들은 어떠한 신앙을 소유하였는가? (삿 2:16-23, 고전 10:23-33)
2.12	아침	인간으로 태어나 멸망당하지 않고 영생을 얻는 방법은 무엇인가? (요 3:15-21, 요일 5:1-12)
	저녁	다윗이 성전에서 예배한 내용은 무엇인가? (시 5:7-8, 요 4:23-24)
2.13	아침	하나님의 자녀로 부름을 받은 성도는 어떠한 삶을 살아야 하는가? (빌 2:12-18, 엡 5:8-14)
	저녁	하나님은 모세를 불러 어떤 일을 하도록 하셨는가? (출 3:10-12, 히 12:18-29)
2.14	아침	다윗은 눈물을 흘리며 어떻게 기도하여 응답을 받았는가? (시 6:6-10, 막 11:20-25)
	저녁	아론의 아들 중 나답과 아비후를 대신하여 누가 제사장 직무를 행하였는가? (민 3:1-4, 벧전 2:11-17)

2,15	아침	구원은 인간이 자의적으로 이룰 수 없는 무엇으로 이루어지는 하나님의 어떤 선물인가? (엡 2:8-10, 행 4:10-12)
	저녁	나오미는 룻과 보아스와의 관계를 어떻게 표현하고 있는가? (룻 2:20-23, 히 6:9-12)
2.16	아침	예수님은 십자가에서 고난당하셨으므로 어떤 자를 도우실 수 있다고 말씀하고 있는가? (히 2:17-18, 고후 13:5-10)
	저녁	세례요한이 예수님을 어떻게 증언하고 예수께서 세례받을 때 어떤 일이 일어났는가? (눅 3:15-22, 계 1:1-8)
2.17	아침	느부갓네살의 꿈을 해석한 다니엘은 어떠한 은총을 받았는가? (단 2:46-49, 마 24:29-31)
	저녁	다윗은 악인은 반드시 재앙이 있을 것이므로 회개를 촉구하고 자신은 어떻게 감사하며 하나님을 어떻게 찬양하였는가? (시 7:14-17, 골 3:12-17)
2.18	주일 아침	행함이 없는 믿음은 어떠한 신앙인가? (약 2:21-26, 롬 2:6-16)
	저녁	여호와께서는 마지막 심판 날 어떻게 구원이 진행된다고 말씀하고 있는가? (욜 2:28-32, 마 24:40-51)
2.19	아침	여호와께서 에스겔을 선지자로 불러 두루마리를 먹으라고 하였는데 무슨 말씀이 기록되었는가? (겔 2:8-10, 히 10:11-25)
	저녁	이 땅에서 수고하는 모든 것들은 누구에게서 나오며 그것보다 하나님을 기쁘게 하는 것은 무엇인가? (전 2:24-26, 마 11:25-30)

2.20 아침   적그리스도는 누구인가? (요일 2:22-29, 요일 4:1-15)

저녁   여호와께서 유다에 내린 벌은 무엇인가? (암 2:4-5, 약 4:11-17)

2.21 아침   우주 만물을 창조하신 하나님의 통치 아래 있는 인간의 아름다움은 무엇인가? (시 8:6-8, 벧전 2:18-25)

저녁   이사야를 선지자로 불러 사역에 임하기 전 악과 죄를 어떻게 사하였는가? (사 6:1-7, 행 2:29-36)

2.22 아침   바울은 데살로니가 성도를 위하여 어떻게 기도하였는가? (살전 3:11-13, 마 24:23-31)

저녁   하나님은 보좌에서 누구를 심판하는가? (시 9:7-8, 계 20:11-15)

2.23 아침   예수님께서는 누구를 무력화시키고 무엇으로 승리하셨는가? (골 2:12-15, 히 12:1-13)

저녁   여호와께서 천사를 통하여 스룹바벨에게 힘과 능력보다도 무엇이 더 중요하다고 말씀하셨는가? (슥 4:1-6, 벧전 4:12-19)

2.24 아침   서머나 교회에 주님께서 하신 말씀은 무엇인가? (계 2:8-11, 마 25:14-30)

저녁   우리 마음속을 성전이라고 할 수 있는 것은 무슨 이유인가? (고전 3:16-17, 요 2:13-22)

2.25 주일 아침   여호와께서는 어떠한 자의 소원을 들어주는가? (시 10:17-18, 마 15:21-31)

저녁   호세아 선지자를 통하여 주신 하나님의 긍휼은 무엇인가? (호 2:21-23, 약 5:7-11)

2.26 아침   사마리아 여자가 예수님을 만나 믿은 것은 무엇인가? (요 4:39-42, 요일 4:7-21)

| | 저녁 | 여호와께서 제사장에게 주신 축복은 무엇인가? (민 6:24-27, 계 1:1-8) |

2.27 아침 예수님께서 우리의 죄 때문에 십자가를 지고 대신 고난당하셨으므로 우리는 어떻게 신앙생활을 해야 하는가? (벧전 2:18-25, 고후 1:1-11)

저녁 어떠한 성품을 지닌 자가 주님을 만나게 되는가? (시 11:5-7, 마 5:8)

2.28 아침 예수님께서 복음을 전파하신 내용은 무엇인가? (눅 4:16-19, 롬 1:8-17)

저녁 에덴동산에서 선악과를 따 먹고 범죄한 아담 부부의 삶은 어떠하였으며 하나님의 사랑은 무엇인가? (창 3:13-21, 롬 4:13-25)

❖❖❖❖❖❖❖❖❖❖❖❖❖❖❖❖❖❖❖❖❖❖

3.1 아침 사람이 하나님으로부터 의롭다 칭함을 받는 신앙은 무엇으로 가능한가? (롬 3:23-31, 갈 3:23-29)

저녁 사람이 여호와의 이름을 부른 때는 언제부터이며 그 후손 가운데 누가 죽지 않고 승천하였는가? (창 4:25-26, 히 11:1-6)

3.2 아침 열두제자를 부르시고 세우신 목적은 무엇인가? (막 3:13-19, 요 20:30-31)

저녁 이사야 선지자를 불러 말씀하신 임마누엘의 징조는 누가 메시아로 탄생하실 것을 예언한 말씀인가? (사 7:10-14, 마 1:18-25)

3.3	주일 아침	시몬 베드로가 고기를 많이 잡게 되었는데 그 이유는 무엇인가? (눅 5:1-7, 요 21:1-13)
	저녁	요나가 물고기 배 속에서 기도하여 응답받은 것은 무엇인가? (욘 2:7-9, 마 13:47-52)
3.4	아침	하나님은 이스라엘 족속을 깨우치기 위하여 에스겔에게 어떤 사명을 주어 무슨 활동을 하게 하셨는가? (겔 3:17-21, 행 12:20-25)
	저녁	예수님께서 첫 번째 제자를 부르시며 하신 말씀은 무엇인가? (마 4:18-22, 막 1:14-20)
3.5	아침	우리의 시민권은 어디에 있는가? (빌 3:17-21, 엡 5:15-21)
	저녁	성막을 세운 이스라엘 백성들을 하나님은 어떻게 인도하였는가? (민 9:15-23, 요 12:44-50)
3.6	아침	다윗은 주의 구원하심에 어떻게 보답하였는가? (시 13:5-6, 롬 15:1-13)
	저녁	사무엘이 신앙적으로 가장 중요하게 여긴 것은 무엇인가? (삼상 12:22-25, 살전 5:16-24)
3.7	아침	다니엘의 세 친구가 오직 하나님만을 믿는 신앙으로 풀무불에서 구원받은 결과는 어떠하였는가? (단 3:26-30, 마 13:34-50)
	저녁	여호수아와 백성들은 요단을 어떻게 건넜는가? (수 3:14-17, 히 9:11-22)
3.8	아침	하나님은 모든 사람이 구원받기를 어떻게 원하고 계시는가? (딤전 2:1-7, 고전 9:20-27)
	저녁	하나님은 왜 우리를 징계하고 있는가? (잠 3:11-12, 히 12:6-13)

3.9	아침	아담의 계보 가운데 하나님과 동행하다가 승천한 사람은 누구인가? (창 5:21-24, 히 11:5-6)
	저녁	하나님은 모세가 아닌 여호수아에게 왜 요단을 건너게 하셨는가? (신 3:23-29, 히 11:23-26)
3.10	주일 아침	빌라델비아 교회가 칭찬받은 이유는 무엇인가? (계 3:7-13, 요일 3:18-24)
	저녁	여호와께서 모세에게 능력을 주신 두 이적은 무엇인가? (출 4:1-9, 히 13:20:-21)
3.11	아침	하나님은 유다 백성에게 훈계를 받지 않으면 어떻게 된다고 말씀하셨는가? (렘 6:6-8, 엡 6:1-11)
	저녁	여호와께서 모세에게 은 나팔 두 개를 만들어 누가 불도록 하여 진행시켰으며 어느 때 크게 불고 어느 때 작게 불었는가? (민 10:1-10, 마 24:29-31)
3.12.	아침	하나님은 이스라엘 백성을 포로에서 돌아오게 하실 때 그들이 기뻐한 동기는 무엇인가? (시 14:4-7, 벧전 2:1-10)
	저녁	하나님은 길갈에 왜 열두 돌을 세웠는가? (수 4:21-24, 행 4:5-12)
3.13	아침	주의 재림 때 누가 먼저 부활하며 신자는 어떻게 되는가? (살전 4:16-18, 벧후 3:8-13)
	저녁	여호와께서는 여호수아의 머리에 면류관을 씌우며 무슨 말씀을 하셨는가? (슥 6:11-12, 히 6:9-12)
3.14	아침	반석 위에 집을 지어야 하는 이유는 무엇인가? (눅 6:46-49, 고전 10:1-13)
	저녁	느부갓네살이 경험한 하나님은 어떠한 분인가? (단 4:34-37, 약 4:5-10)

3.15 아침 예수님께서 말씀하신 8복은 무엇인가? (마 5:1-12, 갈 3:1-14)

저녁 예수께서 이 땅에 육신을 입고 탄생하실 것을 예언한 이사야는 그의 이름에 다섯 가지 칭호를 말씀하고 있는데 무엇인가? (사 9:1-7, 마 2:19-23)

3.16 아침 여호와께서는 이스라엘 백성들에게 고기가 없다고 불평하는 그들에게도 무엇을 보냈으며 욕심을 낸 백성은 어떻게 되었는가? (민 11:31-35, 약 1:12-18)

저녁 여호와께서 예레미야에게 임한 말씀 가운데 무엇을 바르게 하라고 회개를 촉구하였는가? (렘 7:1-9, 벧전 1:18-25)

3.17 주일 아침 다윗이 흔들리지 않는 신앙을 소유한 것은 무엇인가? (시 16:8-11, 골 1:13-23)

저녁 예수를 증언하는 것은 무엇인가? (요 5:39, 딤후 3:16-17)

3.18 아침 하나님은 왜 사울을 버리셨는가? (삼상 15:20-31, 눅 12:1-12)

저녁 여호와께서는 무엇을 자랑하지 말고 무엇을 깨닫는 것을 기뻐한다고 말씀하셨는가? (렘 9:23-24, 약 4:13-17)

3.19 아침 예수님께서 가르치신 주의 기도는 무엇인가? (마 6:9-13, 막 11:23-25)

저녁 하나님이 어떤 분인가를 알고 믿어야 할 이유는 무엇인가? (호 6:1-3, 요 17:1-3)

3.20 아침 하늘에 계신 하나님은 사람들의 무엇을 원하고 있는가? (딤전 3:14-16, 벧후 2:4-11)

	저녁	이사야가 다윗의 자손으로 예수님께서 메시아로 오실 것을 예언한 말씀은 무엇인가? (사 11:1-10, 마 1:18-25)
3.21	아침	하나님 말씀을 듣고 행하는 자는 어떠한 사람인가? (마 7:13-27, 히 4:12-16)
	저녁	하나님은 왜 사람을 물로 심판하셨는가? (창 6:1-8, 벧후 2:1-11)
3.22	아침	모세와 아론이 하나님으로부터 받은 명령은 무엇인가? (출 6:10-13, 행 13:13-23)
	저녁	다윗은 어떻게 범죄하지 않기를 기도하였는가? (시 17:1-3, 요일 5:18-21)
3.23	아침	누가 예수님의 형제이며 자매인가? (막 3:31-35, 벧전 1:13-25)
	저녁	다윗은 블레셋 사람 골리앗을 어떻게 물리치고 승리하였는가? (삼상 17:41-49, 히 3:12-19)
3.24	주일 아침	하나님이 바울을 일꾼으로 세운 이유는 무엇인가? (엡 3:1-13, 골 1:24-29)
	저녁	하나님은 왜 우상을 믿지 말라고 말씀하고 있는가? (렘 10:12-16, 살전 1:8-10)
3.25	아침	다윗은 하나님으로부터 받은 구원을 무엇이라고 하였는가? (시 18:46-50, 히 2:1-4)
	저녁	이스라엘의 죄악을 하나님은 어떻게 심판하셨는가? (겔 7:23-27, 계 20:11-15)
3.26	아침	이사야는 왜 하나님을 찬송하여야 한다고 말씀하고 있는가? (사 12:5-6, 롬 1:18-25)

	저녁	하나님 아버지의 뜻은 무엇인가? (요 6:38-40, 살전 5:16-22)
3.27	아침	하늘의 보좌에 앉아 계신 하나님은 어떠한 분인가? (계 4:1-11, 벧후 3:8-18)
	저녁	여호와께서 죄를 보응하실 때 궁궐은 어떻게 되었는가? (암 3:13-15, 행 23:31-35)
3.28	아침	좋은 땅에 말씀의 씨앗이 떨어지면 어떻게 되는가? (막 4:10-20, 계 1:1-3)
	저녁	여호와께서 다윗을 통하여 말씀하고 있는 교훈과 계명은 무엇인가? (시 19:7-14, 딤전 6:3-10)
3.29	아침	노아와 가족이 방주에 들어간 후 몇 주야 동안 비가 내려 홍수로 멸망되었는가? (창 7:1-12, 벧후 1:1-11)
	저녁	처음 익은 열매를 여호와께 드리면 어떤 축복을 받는가? (잠 3:5-10, 엡 5:1-14)
3.30	아침	하나님은 우리의 어떤 기도를 들어주시는가? (시 20:4-6, 막 11:20-25)
	저녁	여호와의 군대 대장이 여호수아에게 이른 말씀은 무엇인가? (수 5:13-15, 딤전 4:1-5)
3.31	주일 아침	바울은 고린도 교회를 다스리기 위해서 하나님께서 그에게 무엇을 주었는가? (고전 4:14-21, 골 1:24-29)
	저녁	노아가 두 번째로 내어 보낸 비둘기는 무엇을 물고 방주에 돌아왔으며 그로 인해 무엇을 알았는가? (창 8:6-19, 요 2:13-22)

❖-❖-❖-❖-❖-❖-❖-❖-❖-❖-❖-❖

4.1	아침	욥의 친구 빌닷은 욥에게 뭐라고 하였는가? (욥 8:3-7, 엡 6:10-18)
	저녁	다윗이 흔들리지 않는 신앙을 소유한 것은 무슨 연유인가? (시 21:5-7, 롬 5:6-11)
4.2	아침	혈루증 앓는 여인은 어떻게 구원받고 치유되었는가? (막 5:25-34, 엡 2:8-10)
	저녁	하나님이 다시 노아시대처럼 홍수 심판을 내리지 않겠다고 말씀하신 언약은 무엇인가? (창 9:11-17, 히 9:23-28)
4.3	아침	다윗이 승전가를 부르며 여호와를 찬양하며 감사할 때 어떠한 복을 받았는가? (삼하 22:44-51, 행 10:36-43)
	저녁	아모스 선지자를 통하여 이스라엘 백성이 심판에서 구원받는 방법은 무엇이라고 말씀하고 있는가? (암 5:4-8, 마 7:7-14)
4.4	아침	땅끝까지 모든 족속은 예수님이 메시아이므로 무엇을 해야 한다고 말씀하고 있는가? (시 22:27-28, 요 4:23-26)
	저녁	여호와께서 바벨론을 멸망시키고 아수르를 파괴시킨 후 온 세계와 열방을 향해 맹세한 말씀은 무엇인가? (사 14:24-27, 히 7:24-28)
4.5	아침	예수님으로부터 백부장이 칭찬받은 믿음은 무엇인가? (마 8:5-13, 요일 5:1-12)
	저녁	여호와께서 호렙산에서 선포한 율법은 무엇인가? (신 4:10-14, 계 14:6-13)

4.6	아침	하나님은 이스라엘을 회복시킬 때 경고한 말씀은 무엇인가? (겔 11:19-21, 벧전 1:13-25)
	저녁	다윗이 두려움 없이 하나님을 믿은 신앙은 무엇인가? (시 23:3-4, 마 10:28-33)
4.7	주일 아침	그리스도인으로 새사람이 되는 조건은 무엇인가? (엡 4:22-24, 골 3:9-17)
	저녁	솔로몬이 말년에 이방 여인들에 빠져 우상을 숭배하고 하나님 명령을 지키지 않은 결과는 무엇인가? (왕상 11:6-13, 고후 6:1-13)
4.8	아침	십계명은 무엇인가? (신 5:7-21, 요일 3:18-24)
	저녁	예수님께서 자신이 메시아임을 말씀하시고 누가 복을 받는다고 하셨는가? (눅 7:18-23, 계 1:1-3)
4.9	아침	바로에게 내린 첫 번째 재앙은 무엇인가? (출 7:20-25, 고전 1:18-31)
	저녁	영광의 왕은 누구신가? (시 24:7-10, 계 21:24-27)
4.10	아침	음행과 육체와의 관계 속에서 신자가 지켜야 할 것은 무엇인가? (고전 5:4-5, 히 13:9-17)
	저녁	애굽은 회개하고 다시 돌이켜 하나님을 어떻게 섬겼는가? (사 19:21-25, 갈 3:5-14)
4.11	아침	성도는 어떻게 그리스도로 옷을 입는가? (갈 3:26-29, 약 2:1-13)
	저녁	사르밧 과부가 축복을 받은 이유는 무엇인가? (왕상 17:8-16, 고후 1:20-22)
4.12	아침	거짓 선지자는 종말에 어떻게 되는가? (겔 13:13-16, 마 24:24-31)

저녁 　시기적으로 여러 가지 때가 있지만 사람이 임의적으로 하나님께서 하시는 일을 측량할 수 있는가? (전 3:11-14, 딤후 3:1-5)

4.13 아침 　욥의 친구 소발이 욥에게 한 말은 무엇인가? (욥 11:13-20, 요일 3:7-12)

저녁 　하나님은 영혼의 구원과 고난 가운데서 어떤 자에게 그의 언약을 보여 주시는가? (시 25:14-22, 벧전 1:18-25) (시 25:10-13, 벧전 1:18-25)

4.14 주일 아침 하나님 나라를 유업으로 받지 못할 사람은 누구인가? (고전 6:9-11, 갈 5:19-26)

저녁 　여호와께서는 예레미야를 무엇처럼 되게 하여 악한 세력을 물리치고 하나님만이 구원자이심을 말씀하고 있는가? (렘 15:19-21, 약 4:11-17)

4.15 아침 　예수께서 세리와 죄인들과 식사하실 때 바리새인들의 질문에 주님은 무슨 말씀을 하였는가? (마 9:9-13, 롬 5:8-11)

저녁 　생명의 근원은 어디에서 나오며 무엇을 조심해야 하는가? (잠 4:23-27, 약 3:1-12)

4.16 아침 　바울은 디모데에게 어떤 연단을 받아야 하며 무엇이 범사에 유익하다고 하였는가? (딤전 4:6-10, 딤후 4:1-8)

저녁 　엘리야 선지자와 바알 선지자의 갈멜산 전투의 결과는 무엇이며 거짓 선지자들과 아합의 추종자들은 결국에 어떻게 되었는가? (왕상 18:30-46, 고전 6:9-11)

4.17 아침 　예수님께서 생수의 강이 흘러나오리라고 말씀하신 그 의미는 무엇인가? (요 7:37-52, 요 14:25-31)

	저녁	예루살렘에 내린 네 가지 형벌은 무엇인가? (겔 14:21-23, 살전 4:13-18)
4.18	아침	다윗은 은혜받기 위해서 어떻게 기도하였는가? (시 26:8-12, 행 15:6-11)
	저녁	다니엘은 벨사살왕의 잔치 자리에서 벽에 손가락이 나와 쓴 글을 어떻게 해석하였으며 그 결과 그는 어떻게 되었는가? (단 5:22-31, 엡 5:15-21)
4.19	아침	사람이 가는 길을 하나님 앞에서 피할 수 있는가? (잠 5:21-23, 고전 10:29-33)
	저녁	우리가 하나님을 아버지라고 부르는 이유는 무엇인가? (갈 4:6-7, 히 12:6-13)
4.20	아침	엘리야가 전한 여호와의 말씀대로 아하시야가 죽고 아합도 죽은 이 사건의 근본 이유는 무엇인가? (왕하 1:9-18, 마 3:1-12)
	저녁	바울은 디모데에게 어떻게 안수를 하여야 한다고 하였는가? (딤전 5:21-25, 딤후 1:3-14)
4.21	주일 아침	하나님의 자녀는 이 세상에서 어떻게 살아야 하는가? (딛 2:11-14, 히 10:36-39)
	저녁	여호와만을 의지한 다윗은 고난 중에도 기도하여 무엇을 믿었으며 그 결과는 어떻게 되었는가? (시 27:11-14, 딤후 4:7-8)
4.22	아침	우리는 어떠한 마음을 지니고 살아야 하며 무엇을 조심해야 하는가? (히 3:12-14, 고전 3:10-21)
	저녁	여호와께서는 바벨론의 멸망을 무엇으로 비유하여 말씀하셨는가? (사 21:6-10 눅 3:15-17)

4.23	주일 아침	다윗이 지성소를 향해 부르짖어 기도한 내용은 무엇인가? (시 28:2-5, 히 9:23-28)
	저녁	여호와께서 미워하는 일곱 가지 행위는 무엇인가? (잠 6:16-19, 롬 12:6-14)
4.24	아침	마귀의 일은 무엇인가? (요일 3:8-12, 계 20:1-10)
	저녁	최초에 인류의 언어가 어떻게 여러 나라 방언으로 나누어졌는가? (창 11:1-9, 행 2:1-13)
4.25	아침	여호와께서는 예레미야를 통하여 부패한 마음을 지니면 어떻게 된다고 말씀하고 있는가? (렘 17:9-15, 마 11:20-30)
	저녁	어떤 자들이 하나님의 형벌을 받게 되는가? (살후 1:8-12, 벧후 1:16-21)
4.26	아침	여호와께서 명령하심으로 이스라엘을 멸망시킬 때 집들은 어떻게 될 것이라고 말씀하고 있는가? (암 6:8-11, 마 7:22-27)
	저녁	여호와께서는 자기 백성에게 어떠한 복을 주는가? (시 29:10-11, 빌 4:4-9)
4.27	아침	음행 중에 잡혀 온 여인에게 예수님은 무슨 말씀을 하였는가? (요 8:1-11, 롬 6:11-23)
	저녁	예레미야는 유다 백성들의 죄 때문에 어떻게 여호와께 구원을 거듭 간구하였는가? (렘 17:12-18, 살후 2:10-16)
4.28	주일 아침	하나님은 몸과 영혼을 지옥에 멸하실 수 있는 분으로 어떻게 믿어야 하는가? (마 10:28-33, 요일 2:22-29)
	저녁	여호와께서는 이스라엘 백성을 바벨론 심판 이후 장차 어떻게 하신다고 약속하고 있는가? (겔 17:22-24, 마 13:34-52)

4.29	아침	다윗은 슬픔이 변하여 기쁨이 되게 하신 주님께 어떠한 신앙으로 대처하였는가? (시 30:4-6, 유 1:17-25)
	저녁	그리스도인은 정욕과 탐심을 어떻게 해야 하고 무엇으로 살아야 하는가? (갈 5:22-26, 벧전 2:11-17)
4.30	아침	그리스도인의 가정관은 무엇인가? (고전 7:1-7, 엡 5:22-33)
	저녁	하나님이 아브라함에게 복의 근원이 되라고 말씀하신 것은 무슨 연유인가? (창 12:1-9, 갈 3:6-14)

❖❖❖❖❖❖❖❖❖❖❖❖❖❖❖❖❖❖❖❖❖❖❖❖

5.1	아침	베드로는 어떻게 나면서부터 못 걷는 사람을 다시 고쳤는가? (행 3:1-10, 행 14:8-18)
	저녁	· 하나님은 어떤 자를 보호하여 주시는가? (시 31:23-24, 벧전 1:3-12)
5.2	아침	전도자는 세 사람이 합심하여 수고하는 것을 무엇으로 비유하고 있는가? (전 4:9-12, 마 18:15-20)
	저녁	엘리야 선지자의 말을 거역한 아하시야의 죽음으로 오십부장과 그의 군사들은 연속적으로 불로 심판한 사건을 믿었는가? (왕하 1:9-18, 히 12:25-29)
5.3	아침	하나님께서 우리를 구원하신 것은 무슨 연유인가? (딤후 1:9-14, 갈 5:16-26)
	저녁	우리는 이 땅에 살면서 무엇을 생각해야 하는가? (골 3:1-4, 롬 8:5-17)
5.4	아침	다윗은 어떠한 마음을 지녀야 복을 받는다고 하였는가? (시 32:1-2, 마 5:1-12)

	저녁	롯과 작별한 아브람은 여호와께로부터 어떠한 복을 받았는가? (창 13:14-18, 갈 3:1-9)
5.5	주일 아침	신자는 왜 음녀에게 미혹되지 않도록 해야 하는가? (잠 7:24-27, 계 12:1-17)
	저녁	우리는 이 땅에 살면서 어떻게 쉼을 얻을 수 있는가? (마 11:28-30, 히 4:10-16)
5.6	아침	하나님은 예루살렘을 어떻게 회복시켰으며 장차 어떻게 할 것인가? (슥 8:9-13, 요일 4:1-6)
	저녁	보좌에 계신 주님이 취하신 두루마리의 금 대접 향은 무엇인가? (계 5:7-8, 히 10:11-25)
5.7	아침	오병이어의 기적을 통해 우리가 알아야 할 것이 무엇인가? (막 6:30-44, 행 2:33-42)
	저녁	어떠한 나라의 백성이 복을 받는가? (시 33:10-12, 벧전 2:1-10)
5.8	아침	위로부터 난 지혜는 무엇인가? (약 3:17-18, 눅 2:41-52)
	저녁	하나님을 분노하게 하지 않을 것은 무엇인가? (습 2:1-3, 롬 2:6-16)
5.9	아침	이 땅에 존재하는 인간들 가운데 구원할 수 있는 사람이 있는가? (행 4:10-12, 벧전 1:3-12)
	저녁	하나님은 어떠한 기도를 들어주시는가? (시 34:17-19, 살전 5:16-24)
5.10	아침	왜 예수님께서는 죽은 자 가운데서 살아나셨는가? (롬 4:18-25, 갈 3:23-29)
	저녁	피 재앙, 개구리 재앙, 이 재앙, 파리 재앙을 당한 바로는 이스라엘 백성을 왜 내보내지 않았는가? (출 8:29-32, 고후 4:7-18)

5.11	아침	하나님께서 사람에게 주신 선물은 무엇인가? (전 5:18-20, 엡 4:7-16)
	저녁	엘리야 승천 후 엘리사에게 어떤 기적이 일어났는가? (왕하 2:12-14, 마 3:11-17)
5.12	주일 아침	다윗은 고통 중에도 자신의 영혼을 어떻게 하였는가? (시 35:4-9, 벧전 4:12-19)
	저녁	여호와를 경외하는 것은 무엇인가? (잠 8:13-18, 엡 5:10-21)
5.13	아침	이스라엘 백성이 다시금 예루살렘으로 돌아올 때 그들이 뉘우친 것은 무엇인가? (겔 20:40-44, 행 15:14-21)
	저녁	여호와께서는 북이스라엘과 남유다를 불을 심판의 도구로 황폐화시켰는데 그 이유는 무엇인가? (호 8:14, 벧후 3:8-18)
5.14	아침	바울은 디모데에게 고난을 극복할 수 있는 것이 무엇이라고 하였는가? (딤후 2:7-10, 벧전 5:7-11)
	저녁	하나님은 다윗을 통해 생명의 원천이 어디에 있다고 하였는가? (시 36:9, 요일 5:1-12)
5.15	아침	우상을 버리고 만물의 창조자를 믿어야 하는 이유는 무엇인가? (고전 8:1-6, 살전 1:1-10)
	저녁	열두 정탐꾼 중 살아남은 자는 누구인가? (민 14:36-38, 살전 4:13-18)
5.16	아침	심판 날에는 어떠한 일이 있는가? (사 24:21-23, 살후 1:3-12)
	저녁	여호와 하나님을 믿고 명령에 순종해야 하는 이유는 무엇인가? (신 6:20-25, 요 12:44-50)

5.17	아침	날 때부터 맹인이 된 사람을 예수님께서 고쳤는데 누구의 죄가 아니라 무슨 일을 하기 위하여 맹인으로 태어났다고 하셨는가? (요 9:1-5, 행 13:4-12)
	저녁	니느웨 백성이 재앙을 면할 수 있었던 이유가 무엇인가? (욘 3:4-10, 히 13:14-21)
5.18	아침	다윗은 어떻게 해야 하나님께서 소원을 이루어 주신다고 하였는가? (시 37:3-6, 빌 2:12-18)
	저녁	바울은 하나님으로부터 어떠한 사명을 받았는가? (고전 9:16-17, 엡 4:11-16)
5.19	주일 아침	지혜의 근본과 그 유익성은 무엇인가? (잠 9:7-12, 약 3:13-18)
	저녁	여호와 살롬은 무엇인가? (삿 6:19-24, 골 3:12-17)
5.20	아침	예수님은 회당장 야이로의 딸을 어떻게 살렸는가? (눅 8:49-56, 살전 4:13-17)
	저녁	다윗은 자신이 당하고 있는 고난을 해결하기 위해서 하나님께 무엇을 고백하였는가? (시 38:15-22, 요일 1:5-10)
5.21	아침	반석은 누구를 지칭하는가? (고전 10:1-4, 마 16:13-20)
	저녁	일곱 봉인 심판 가운데 여섯째 인을 떼면 어떤 일이 발생할 것이라고 말씀하고 있는가? (계 6:12-17, 골 3:1-11)
5.22	아침	아브람이 조카 롯을 어떻게 구출하였는가? (창 14:8-16, 요 10:22-42)
	저녁	다니엘이 사자 굴 속에서 죽임을 당하지 않고 구원받은 것은 무슨 이유인가? (단 6:19-23, 마 10:24-33)
5.23	아침	다윗은 왜 인생이 헛되다고 하였는가? (시 39:7-11, 롬 1:24-32)

	저녁	바로는 이번에는 가축 재앙, 악성종기 재앙, 우박 재앙을 당하고도 왜 이스라엘 백성을 내보내지 않았는가? (출 9:27-35, 마 13:15-23)
5.24	아침	사도들이 능욕을 당할 때 초대교회는 어떻게 대처하였는가? (행 5:30-42, 딛 1:10-16)
	저녁	생명과 사망의 길은 누구에게 달렸는가? (렘 21:8-10, 롬 8:1-11)
5.25	아침	죄악의 결말은 어떻게 되는가? (사 26:20-21, 롬 6:15-23)
	저녁	성만찬의 의미는 무엇인가? (고전 11:23-34, 히 9:23-28)
5.26	주일 아침	사람의 마음속에서 나오는 더러운 것은 무엇인가? (막 7:14-23, 딛 1:5-16)
	저녁	그리스도인들은 예수그리스도를 믿고 인내하고 연단 받아 무엇을 지니고 성령의 임재를 확신해야 하는가? (롬 5:8-11, 골 1:18-23)
5.27	아침	여덟 번째 메뚜기 재앙과 아홉 번째 흑암 재앙이 임하자 바로는 무슨 말을 하였는가? (출 10:21-29, 살후 1:6-12)
	저녁	과거의 잘못을 뉘우치고 회개한 다윗은 곤고한 삶을 살 때 어떻게 하였는가? (시 40:11-17, 살전 1:2-10)
5.28	아침	하나님께서 주시는 열두 가지 은사는 무엇인가? (고전 12:4-11, 약 1:12-18)
	저녁	우상을 숭배하던 이스라엘과 유다에게 하나님을 불신하고 악을 행하면 어떻게 된다고 하셨는가? (호 10:12-15, 계 19:19-21)
5.29	아침	다윗은 병상에서 어떻게 기도하였는가? (시 41:1-4, 마 4:23-25)

저녁	기드온이 미디안을 어떻게 추격하여 승리하였는가? (삿 7:19-23, 마 24:29-31)
5.30	아침	예수님께서 선한 목자이신 이유는 무엇인가? (요 10:11-18, 벧전 2:18-25)
	저녁	여리고 성은 어떻게 무너졌는가? (수 6:8-21, 막 10:46-52)
5.31	아침	여호와께서는 예레미야에게 다윗의 후손으로 메시아가 오실 것을 어떻게 말씀하셨는가? (렘 23:5-8, 마 1:18-25)
	저녁	하나님의 인침 받은 십사만 사천 명은 어떻게 되는가? (계 7:5-17, 계 21:1-8)

❖❖❖❖❖❖❖❖❖❖❖❖❖❖❖❖❖❖❖❖❖❖❖

6.1	아침	애굽의 처음 난 것의 죽음을 경고할 때 바로는 어떻게 하였는가? (출 11:9-10, 요일 5:13-21)
	저녁	갈급한 영혼이 하나님의 도움을 받을 수 있는 조건은 무엇인가? (시 42:2-5, 행 26:8-23)
6.2	주일 아침	사랑의 정의는 무엇인가? (고전 13:4-7, 요일 4:7-21)
	저녁	첫째부터 넷째까지 천사들이 나팔을 불 때 발생할 심판과 애굽에 내린 재앙을 생각해 보며 예수님은 무슨 말씀을 하셨는가? (계 8:6-13, 마 24:23-31)
6.3	아침	여호와께서 유다 백성들을 좋은 무화과같이 하여 포로에서 회복시키고 어떤 마음을 주어 하나님을 신뢰하게 하였는가? (렘 24:4-7, 마 7:15-27)

	저녁	이 악한 세대에 예수님은 무슨 표적밖에 보여 줄 것이 없다고 말씀하셨는가? (마 12:38-45, 요 20:30-31)
6.4	아침	예수그리스도를 믿는 자가 죄에서 해방되어 영생하는 것은 하나님께서 주시는 무엇인가? (롬 6:15-23, 요일 5:1-12)
	저녁	예수님은 죽음과 부활을 말씀하고 따르는 무리에게 무엇을 예고하셨는가? (눅 9:18-27, 벧후 1:12-21)
6.5	아침	아브라함을 구속하신 여호와께서 야곱 족속은 어떻게 될 것이라고 말씀하셨는가? (사 29:22-24, 벧전 1:13-25)
	저녁	고라 자손은 받은 구원을 어떻게 하나님께 감사하였는가? (시 44:4-8, 히 4:12-16)
6.6	아침	스데반은 어떻게 큰 기사와 표적을 행하였으며 거짓 증인을 매수하여 순교하기 직전에 그의 얼굴은 어떤 모습이었는가? (행 6:8-15, 히 12:25-29)
	저녁	불행과 악한 병이라고 할 정도의 헛된 것은 무엇인가? (전 6:1-2, 약 5:7-11)
6.7	아침	우리는 어떻게 하나님으로부터 도움을 받을 수 있는가? (시 46:1-5, 빌 1:27-30)
	저녁	하나님의 생각과 사람의 생각이 다른 것을 어떻게 알 수 있는가? (막 8:31-38, 벧후 3:8-13)
6.8	아침	은사와 예배의 중요성은 무엇인가? (고전 14:20-25, 롬 12:1-2)
	저녁	스데반이 순교할 때 한 최후의 기도는 무엇이며 그의 영혼은 어떻게 되었는가? (행 7:59-60, 눅 8:51-62)

6.9	주일 아침	씨 뿌리는 비유에서 좋은 땅에 떨어졌다는 것은 무엇인가? (마 13:19-23, 살전 2:10-16)
	저녁	하나님은 왕이신가? (시 47:7-8, 딤전 6:11-16)
6.10	아침	유월절은 무엇인가? (출 12:1-14, 고전 5:1-13)
	저녁	다니엘은 민족을 위해 어떻게 회개하며 기도하였는가? (단 9:116-19, 눅 21:34-36)
6.11	아침	성경을 탐독해야 할 이유는 무엇인가? (딤후 3:13-17, 갈 3:16-14)
	저녁	하나님께 불의하였기 때문에 고난받는다는 빌닷의 말에 욥은 어떻게 항변하였는가? (욥 19:25-29, 막 10:35-45)
6.12	아침	이스라엘 백성이 패역을 돌이켜 회개하고 하나님 앞으로 돌아오면 어떻게 된다고 말씀하고 있는가? (사 30:23-26, 마 24:32-51)
	저녁	하나님께서 역사적으로 인도하셨던 것처럼 우리도 믿음을 지속할 때 끝까지 인도하시는가? (시 48:11-14, 행 13:15-23)
6.13	아침	빌립이 에티오피아 여왕 간다게의 내시가 읽은 성경 구절(사 53:7-8)과 연관된 예수그리스도의 복음은 무엇인가? (행 8:26-40, 막 10:35-45)
	저녁	어떤 사람이 장수할 수 있으며 악인은 장차 어떻게 되는가? (잠 10:27-28, 엡 6:1-9)
6.14	아침	바울이 경험한 마음과 육신의 법은 무엇인가? (롬 7:22-25, 히 10:37-39)
	저녁	이사야 선지자를 통하여 예수님께서 메시아로 오실 것을 예언한 말씀은 무엇인가? (사 32:1-8, 계 19:1-10)

6.15	아침	환난 날에 우리는 어떻게 해야 하는가? (시 50:15, 마 24:24-31)
	저녁	예레미야가 성전 뜰인 새 대문 입구에서 고관과 백성들에게 전한 말씀은 무엇이며 종국적 통치는 누구에게 달려 있는가? (렘 26:12-15, 유 1:17-25)
6.16	주일 아침	하나님께서는 우리에게 어떤 직분을 주어 사역자로 삼으시는가? (엡 4:11-14, 딤전 1:12-17)
	저녁	여호수아가 아이 성을 공략하여 탈취한 노략물을 숨기고 범죄한 아간은 어떤 처벌을 받았는가? (수 7:24-26, 골 3:5-11)
6.17	아침	하나님은 어떤 분인가? (사 33:22-24, 빌 3:17-21)
	저녁	여호와께서 아브람에게 주신 언약은 무엇인가? (창 15:4-7, 마 25:31-46)
6.18	아침	박해자 사울은 어느 곳에서 예수님을 만나 어떻게 변화되었는가? (행 9:3-5, 행 26:24-32)
	저녁	다윗은 어떻게 회개하였는가? (시 51:7-10, 히 1:1-3)
6.19	아침	열두 지팡이 가운데 살구 열매가 열린 지팡이는 누구의 지팡이인가? (민 17:6-8, 히 10:1-18)
	저녁	구약시대 의인과 악인의 구원은 어떻게 된다고 하였는가? (잠 11:7-10, 벧전 3:13-22)
6.20	아침	예수께서 재림하실 때 믿는 자는 어떻게 구원받아 영생에 이르게 되는가? (고전 15:51-58, 빌 3:13-21)
	저녁	유월절 이후 모세가 백성을 인도할 때 하나님은 무엇으로 그들을 인도하여 진행시켰는가? (출 13:21-22, 행 1:6-11)

6.21 아침 다윗은 어리석은 자가 어떠한 사람이라고 하였는가?
(시 53:1, 엡 5:15-21)

저녁 고넬료가 베드로의 설교를 들은 축복은 무엇인가?
(행 10:30-43, 골 1:13-23)

6.22 아침 레위인들이 바친 십일조와 예수님께서 말씀하신 개념의 차이점은 무엇인가? (민 18:25-32, 마 23:23-26)

저녁 예수님은 지금도 하늘에서 기도하고 있는가? (롬 8:32-34, 빌 4:4-7)

6.23 주일 아침 환난과 고난 중에도 어떻게 위로를 받을 수 있는가?
(고후 1:3-11, 살후 2:13-17)

저녁 여섯째 천사가 나팔 부는 세 재앙은 무엇인가? (계 9:17-18, 계 22:18-21)

6.24 아침 여호와께서 애굽에 내릴 심판과 회복의 말씀은 무엇인가? (겔 29:12-16, 유 1:17-25)

저녁 공의롭고 부지런한 자에게 하나님은 어떠한 은혜를 주시는가? (잠 12:27-28, 히 6:9-12)

6.25 아침 하나님의 일꾼은 어떻게 신앙생활을 하여야 하는가?
(딤후 2:20-26, 골 1:24-29)

저녁 장차 이루어질 메시아왕국은 어떤 곳인가? (사 35:1-2, 히 1:1-3)

6.26 아침 하늘에 계신 대제사장 예수를 믿고 은혜받기 위해서 우리는 어떻게 해야 하는가? (히 4:14-16, 계 21:1-8)

저녁 사울이 다윗을 죽이려는 위급한 상황에서 다윗은 어떻게 대처하였는가? (시 59:1-2, 살후 3:1-5)

6.27 아침 그리스도인이라는 칭호는 어느 때부터 사용했는가?
(행 11:24-26, 롬 13:8-14)

	저녁	이스라엘 백성들이 홍해를 어떻게 건넜으며 애굽 군대는 어떻게 되었는가? (출 14:26-31, 계 19:1-8)
6.28	아침	다윗은 마음이 약해질 때 부르짖어 기도하여 하나님은 어떠한 분이라고 하였는가? (시 61:1-3, 요일 3:18-24)
	저녁	전도자는 무엇을 깨달았는가? (전 7:29, 갈 3:5-14)
6.29	아침	일곱째 천사를 보내어 말한 대로 요한이 먹은 두루마리는 어떤 맛이었으며 왜 그것을 먹게 하였는가? (계 10:9-11, 고전 15:50-58)
	저녁	야고보를 죽이고 베드로를 죽이려던 헤롯은 어떻게 되었는가? (행 12:20-23, 살전 2:13-16)
6.30	주일 아침	바울은 디모데에게 말세에 어떤 현상이 일어난다고 하였는가? (딤후 3:1-5, 벧후 3:8-18)
	저녁	다윗이 흔들리지 않는 신앙을 소유한 연유는 무엇인가? (시 62:6-7, 골 1:24-29)

❖❖❖❖❖❖❖❖❖❖❖❖❖❖❖❖❖❖

7.1	아침	일곱 번째 천사가 일곱 번째 나팔을 불 때 하늘의 성소에서 어떤 일이 전개될 것인가? (계 11:15-19, 눅 12:35-48)
	저녁	히스기야의 병은 어떻게 치유되었는가? (사 38:1-8, 마 4:23-25)
7.2	아침	하나님 나라를 기업으로 받지 못할 사람은 누구인가? (엡 5:5-14, 히 9:23-28)
	저녁	오병이어의 기적은 무엇인가? (마 14:13-21, 약 5:7-12)

7.3	아침	마르다의 요청에 예수님께서는 죽은 나사로를 살리기 전에 무슨 말을 하셨는가? (요 11:25-26, 빌 3:10-18)
	저녁	아브람의 여종 하갈이 낳은 아들은 누구인가? (창 16:14-15, 막 13:3-13)
7.4	아침	다윗은 왜 성소에서 주를 바라보았는가? (시 63:1-2, 히 10:19-25)
	저녁	히스기야는 어떻게 병을 고침 받았는가? (왕하 20:1-7, 마 4:23-25)
7.5	아침	여호와를 앙망하는 자는 어떤 은총을 받는가? (사 40:28-31, 벧전 1:18-25)
	저녁	모세를 따르던 백성들이 질병에서 치료받은 것은 어떠한 연유에서인가? (출 15:25-26, 약 5:13-20)
7.6	아침	말씀을 듣는 것과 음식을 대접하는 것과 어떤 차이가 있는가? (눅 10:41-42, 빌 2:12-18)
	저녁	다윗은 어떻게 하나님으로부터 응답받았는가? (시 65:3-5, 마 7:7-12)
7.7	주일 아침	그리스도인은 왜 하나님께 순종해야 하는가? (히 5:7-10, 벧전 1:18-25)
	저녁	귀신을 쫓아낼 수 있는 것은 무엇으로만 가능한가? (막 9:23-29, 행 16:27-34)
7.8	아침	하나님은 어떠한 사람의 기도를 들어주시는가? (시 66:18-20, 빌 4:4-9)
	저녁	바울은 예수님께서 이 땅에 오신 목적이 무엇이라고 하였는가? (행 13:17-23, 마 1:18-25)
7.9	아침	삼손이 하나님께서 주신 능력을 상실당한 이유는 무엇인가? (삿 16:18-22, 딤전 4:1-5)

	저녁	성도는 왜 말씀과 계명을 지켜야 하는가? (잠 13:13-14, 요일 2:1-6)
7.10	아침	이스라엘 백성들은 하나님의 어떤 징계를 받았는가? (호 10:12-15, 히 12:6-13)
	저녁	땅의 소산으로 인한 복을 받으려면 어떻게 해야 하는가? (시 67:6-7, 벧전 3:8-12)
7.11	아침	예수님께서 왜 이 땅에 오셨는가? (요 12:44-50, 약 5:7-11)
	저녁	하나님을 사랑하고 계명을 지키면 어떤 복을 받는가? (신 7:8-11, 요일 5:1-4)
7.12	아침	성령의 아홉 가지 열매는 무엇인가? (갈 5:22-23, 요 15:1-8)
	저녁	역사적으로 바벨론 귀환을 성취시킨 하나님은 왜 두려워하지 말라고 말씀하고 있는가? (사 41:8-16, 살후 2:9-15)
7.13	아침	하나님은 어떻게 재판하신다고 말씀하고 있는가? (시 72:1-7, 딤후 4:1-8)
	저녁	아브람을 아브라함이라고 언약한 때는 언제인가? (창 17:1-5, 롬 4:18-25)
7.14	주일 아침	니느웨 백성들이 회개하였을 때 하나님은 어떻게 하셨는가? (욘 3:7-10, 고후 5:1-10)
	저녁	여호와를 경외하는 자는 어떤 은총을 받는가? (잠 14:26-27, 엡 5:15-21)
7.15	아침	예수께서 메시아로 이 땅에 오셔서 구속 사역을 성취하시고 심판하실 것이므로 이교도들은 어떻게 해야 하는가? (사 42:1-9, 살전 1:2-10)

	저녁	바벨론 포로에서 돌아오게 할 때 하나님은 어떤 기도를 들어주신다고 하셨는가? (렘 29:11-14, 히 10:32-39)
7.16	아침	여호와께서는 두로와 시돈이 심판받은 이후에 이스라엘은 어떻게 될 것이라고 하셨는가? (겔 28:25-26, 롬 14:17-23)
	저녁	하나님을 가까이하면 어떤 복을 받는가? (시 73:27-28, 히 7:18-28)
7.17	아침	예수님은 구하는 자에게 무엇을 주신다고 말씀하고 있는가? (눅 11:9-13, 빌 4:4-7)
	저녁	하나님의 행사를 인간의 지혜로 알 수 있는가? (전 8:16-17, 히 3:12-19)
7.18	아침	만나는 무엇이며 어떻게 간수하였고 몇 년 동안 먹었는가? (출 16:31-36, 요 6:22-40)
	저녁	하나님은 자신이 구원자이심을 어떻게 말씀하고 있는가? (사 43:10-13, 롬 11:25-36)
7.19	아침	아삽의 시에서 구원의 하나님께 어떻게 기도하였는가? (시 79:9-13, 벧전 2:18-25)
	저녁	소돔은 의인 몇 명이 없어 멸망당했는가? (창 18:32-33, 히 10:32-39)
7.20	아침	하나님은 어떤 사람의 기도를 들으시는가? (잠 15:29, 벧전 3:13-22)
	저녁	하나님은 약속을 지키는 자에게 무엇을 주시는가? (히 6:17-20, 롬 15:1-13)
7.21	주일 아침	예수께서는 사람의 마음에서 나오는 더러운 것이 무엇이라고 말씀하셨는가? (마 15:19-20, 딛 2:1-14)
	저녁	북이스라엘이 멸망할 때 그들은 하나님께 어떻게 호소하였는가? (시 80:4-7, 행 2:34-42)

7.22	아침	여호수아가 아이 성을 점령할 때 그곳의 주민 얼마를 죽였는가? (수 8:18-29, 롬 11:25-36)
	저녁	므리바 물의 의미가 무엇인가? (민 20:2-13, 고전 10:1-13)
7.23	아침	하나님께서 정직하게 행하며 주를 의지하는 자에게 무엇을 주시는가? (시 84:11-12, 마 4:12-23)
	저녁	미가엘과 싸워 패배한 마귀를 무엇이라고 하는가? (계 12:7-12, 요일 3:4-12)
7.24	아침	이사야 선지자를 통하여 구원을 베푸시는 하나님을 믿어야 하는 이유는 무엇인가? (사 45:20-25, 엡 2:1-10)
	저녁	이스라엘 백성들이 두려워하지 않을 것은 무엇인가? (사 44:6-8, 행 18:24-28)
7.25	아침	소돔과 고모라 성을 멸하실 때 롯의 아내는 어떻게 되었는가? (창 19:24-26, 롬 13:8-14)
	저녁	환난 날에 주께서 응답하실 때 어떻게 하여야 하는가? (시 86:7-10, 마 6:5-15)
7.26	아침	사람의 경영하는 것이 이루어지기 위해서는 어떻게 신앙생활을 해야 하는가? (잠 16:1-3, 히 11:1-16)
	저녁	그랄왕 아비멜렉이 아브라함의 아내 사라를 돌려보낸 이유는 무엇인가? (창 20:6-7, 롬 1:24-32)
7.27	아침	모세는 인생의 무상함을 어떻게 표현하고 기도하였는가? (시 90:8-10, 마 11:24-30)
	저녁	여호와를 원망하는 백성들이 모세에게 지시하여 장대에 달린 놋 뱀을 본 결과는 어떠하였는가? (민 21:7-9, 요 3:7-15)
7.28	주일 아침	백성들의 죄를 대속하신 예수님은 대제사장으로 하늘에 계신가? (히 7:24-28, 유 1:17-25)

저녁   아말렉과의 싸움에서 모세의 손이 내려오지 않도록 하여 여호수아가 승리한 이유는 무엇인가? (출 17:10-13, 고후 10:12-18)

7.29   아침   여호수아가 가나안의 남방과 북방을 다 점령함으로 어떤 일이 일어났는가? (수 11:16-23, 딤전 6:11-16)

저녁   하나님은 이스라엘 백성들을 포로에서 귀환하여 회복하시고 그러나 끝 날까지 깨달음이 없을 때 어떻게 하시는가? (렘 30:18-24, 히 12:18-29)

7.30   아침   새 계명은 무엇인가? (요 13:34-35, 요일 4:7-21)

저녁   의인이 받을 축복은 무엇인가? (시 92:12-15, 히 10:32-39)

7.31   아침   지혜자들에게 주신 하나님의 지혜는 어떠한 유익이 있는가? (전 9:17-18, 벧후 3:8-18)

저녁   아브라함의 아내 사라가 낳은 아들은 누구인가? (창 21:1-7, 약 2:14-26)

❖❖❖❖❖❖❖❖❖❖❖❖❖❖❖❖❖❖❖

8.1   아침   사탄이나 마귀의 악한 영에 의해서 하나님을 배반하는 거짓 것들의 숫자는 몇인가? (계 13:11-18, 계 20:1-6)

저녁   하나님의 복을 받고 지혜로운 사람이 되려면 어떻게 해야 하는가? (잠 17:20-22, 골 4:2-6)

8.2   아침   여호와께서 발람에게 말씀하신 두 번째 예언 중 야곱과 이스라엘을 해할 무엇이 없다고 말씀하고 있는가? (민 23:16-23, 요일 2:12-17)

저녁　　　여호와 이레의 의미는 무엇인가? (창 22:9-14, 롬 9:21-33)

8.3　아침　　천지 만물을 창조하신 하나님은 세계만방을 통치하시고 왕권을 소유하고 계시는가? (시 93:4-5, 히 11:17-40)

저녁　　　하나님은 하늘의 보좌 우편에 계시는가? (히 8:1-6, 요일 5:13-21)

8.4　주일 아침　의식주보다 더욱 중요한 것은 무엇인가? (눅 12:27-31, 살후 1:7-12)

저녁　　　모세를 방문한 이드로와 그 가족관계는 어떠했으며 그는 그 장인으로부터 무슨 말을 들었는가? (출 18:1-4, 막 12:25-34)

8.5　아침　　이스라엘과 유다 집에 내린 새 언약은 무엇인가? (렘 31:31-35, 고전 12:27-31)

저녁　　　만왕의 왕이신 하나님께 왜 무릎을 꿇고 기도해야 하는가? (시 95:3-6, 빌 2:5-11)

8.6　아침　　우리는 이 세상에 살면서 예수님께서 다시 오실 때까지 바르게 살아야 할 이유는 무엇인가? (마 16:25-28, 약 4:1-10)

저녁　　　우리가 국가의 수반인 대통령과 수상과 지도자들을 위해서 왜 기도할 필요가 있는가? (전 10:16-20, 계 22:1-7)

8.7　아침　　출애굽 후 시내산에 도착한 백성들에게 모세에게 주신 언약의 말씀은 무엇인가? (출 19:5-6, 히 13:20-21)

저녁　　　발람의 마지막 예언으로 예수님께서 재림하여 세계를 통치하실 말씀은 무엇인가? (민 24:16-17, 고전 3:18-23)

8.8	아침	하나님은 심판자로서 거룩한 공동체를 형성하여 예배 드리기를 원하고 계시는가? (시 96:9-10, 요 4:20-26)
	저녁	하나님을 믿고 하나님의 명령을 준행하면 어떠한 복을 받는가? (사 48:17-19, 딤전 6:11-16)
8.9	아침	사람은 입과 입술과 혀를 사용하여 언어에 조심하여 어떤 열매를 맺어야 하는가? (잠 18:20-21, 약 3:1-12)
	저녁	여호와께서는 어떤 성도가 되기를 원하고 계시는가? (시 97:9-10, 벧전 3:8-22)
8.10	아침	장자의 명분을 팔아넘긴 에서는 작은 자이며 야곱은 큰 자로 이미 태중에 있을 때 여호와의 말씀대로 이루어졌는가? (창 25:27-34, 갈 4:1-7)
	저녁	하나님께서 애굽에 불을 일으키는 것은 무엇을 의미하는가? (겔 30:6-9, 벧후 3:8-18)
8.11	주일 아침	예수님께서 이 땅에 오신 목적과 섬김의 자세는 무엇인가? (막 10:44-45, 계 1:1-8)
	저녁	하나님은 만왕의 왕으로 세계 모든 백성을 심판하기 위하여 다시 오시는가? (시 98:6-9, 히 9:11-28)
8.12	아침	예수그리스도를 통하여 이루실 구원 사역은 무엇인가? (사 49:8-13, 골 3:1-11)
	저녁	모르드개를 죽이려던 그 나무에 하만이 처형당한 사건을 통하여 반드시 흉계와 교만과 악행은 파멸을 초래하게 되는가? (에 7:4-10, 눅 18:31-43)
8.13	아침	하나님과 우리와의 관계는 무엇이며 그러므로 우리는 어떻게 살아야 마땅한가? (시 100:3, 벧전 2:18-25)
	저녁	여호와를 경외하며 하나님의 뜻대로 살 때 어떠한 은혜를 받는가? (잠 19:21-23, 엡 5:15-21)

8.14	아침	십자가에서 대속물이 되신 예수님을 그리스도로 믿고 다시 재림하실 주님을 우리는 왜 소망해야 하는가? (히 9:27-28, 벧전 1:3-12)
	저녁	백향목같이 화려했던 애굽도 바벨론에 의해 멸망되었던 아수르처럼 심판을 받게 되는데 누구를 지칭하는 말씀인가? (겔 31:15-18, 요 15:1-10)
8.15	아침	파수꾼으로 사명 받은 에스겔의 소명은 무엇인가? (겔 33:7-9, 마 28:16-20)
	저녁	모세를 지도자로 광야 40년간을 진행시킨 하나님의 의도는 무엇인가? (신 8:1-3, 마 4:1-11)
8.16	아침	이사야가 예언한 하나님의 종의 모습은 무엇인가? (사 52:13-15, 빌 2:6-18)
	저녁	하나님이 쓰신 십계명은 무엇인가? (출 20:1-17, 요 13:34-35)
8.17	아침	하나님께서 이스라엘과 세우신 영원한 언약의 복은 무엇인가? (렘 32:35-44, 갈 3:5-14)
	저녁	포로 생활에서의 회복은 장차 성도들을 구원하여 완성될 하나님 나라까지를 포함하며 영원불변하신 하나님의 언약을 믿는가? (시 102:19-28, 히 13:8-17)
8.18	주일 아침	바울이 발을 쓰지 못한 사람을 걷도록 치유하고 복음을 전한 이유는 무엇인가? (행 14:13-15, 살전 1:8-10)
	저녁	스가랴 선지자를 통하여 예수님께서 이 땅에 오셔서 예루살렘에 입성하여 구속 사역을 실행할 것을 예언한 말씀은 무엇인가? (슥 9:9-10, 마 21:1-11)
8.19	아침	왜 여호와를 경외하고 그 법도를 지키라고 말씀하시는가? (시 103:12-22, 갈 6:1-10)

	저녁	회개하지 않고 하나님 나라를 끝까지 부인하며 불신할 때 예수님께서 무화과나무 비유로 어떻게 말씀하셨는가? (눅 13:1-9, 행 2:33-42)
8.20	아침	예수님께서 부활 승천하여 천국에서 주를 믿는 모든 성도들에게 약속하고 있는 말씀은 무엇인가? (요 14:1-3, 딤전 4:6-10)
	저녁	하나님의 언약을 받은 이삭은 브엘세바에서 무엇을 하였는가? (창 26:23-25, 요 7:37-44)
8.21	아침	예수께서 간질로 귀신 들린 아이를 치유하시고 제자들에게 말씀하신 작은 씨는 무엇이며 무엇을 하라는 의미인가? (마 17:14-23, 딤전 6:11-16)
	저녁	시편 기자가 받은 은혜는 무엇이며 죄인과 악인은 어떻게 된다고 말씀하고 있는가? (시 104:33-35, 살전 5:16-24)
8.22	아침	지혜로운 자는 남을 보복하지 않고 선을 행하여야 하며 하나님은 또 어떤 영혼이 되기를 원하시는가? (잠 20:22-27, 롬 12:16-19)
	저녁	예수님께서 포도나무 가지에 열매가 무성하여 많이 맺음같이 우리도 어떻게 하여 기도가 응답받을 수 있다고 말씀하시는가? (요 15:1-12, 약 1:2-8)
8.23	아침	우리는 신앙생활을 하면서 하나님께 어떻게 해야 하는가? (시 105:1-7, 빌 4:10-13)
	저녁	하나님은 이사야에게 말씀하신 속건제물에서 예수님은 대속물로 승천하신 후 화목제물로 말씀하고 있는 의미가 무엇인가? (사 53:10-12, 요일 2:1-6)

8.24	아침	예루살렘 공회에서 바울과 바나바를 안디옥에 파송하여 결정된 이방인 선교를 위해서 누구를 보내어 옳게 여긴 것은 무엇인가? (행 15:14-29, 히 10:28-39)
	저녁	다윗은 왜 감사해야 하며 구원의 하나님을 어떻게 송축하며 백성들은 무엇으로 화답하였는가? (대상 16:31-36, 골 3:15-17)
8.25	주일 아침	예수님께서 말씀하신 재림에 관해서 언제 오실지 우리는 알 수 없지만 속히 오실 것을 말씀하고 있는 것은 어디에 목적이 있는가? (히 10:36-39, 약 5:7-11)
	저녁	하나님의 섭리는 인간에게 어떠한 영향을 주며 미래는 어떻게 될 것인가? (시 107:8-9, 요 6:32-40)
8.26	아침	예수님을 닮기 위한 품성으로 제자들뿐만 아니라 성도들은 어떤 인격을 형성해야 하는가? (눅 14:34-35, 고후 2:14-17)
	저녁	이 세상에서 승리로운 길은 오직 누구에게 달려 있는가? (잠 21:28-31, 롬 3:19-26)
8.27	아침	다윗은 어떻게 새벽을 깨우며 어떻게 하나님을 찬양하며 주의 영광과 구원을 위하여 어떻게 기도했는가? (시 108:1-4, 골 3:15-17)
	저녁	마지막 심판 때 일어날 일에 관하여 세 천사가 전하는 세 가지는 무엇인가? (계 14:6-13, 계 21:1-8)
8.28	아침	욥은 하나님만이 우주 만물을 조성하시고 다스리시며 사람에게 주는 지혜와 명철을 무엇이라고 하였는가? (욥 28:23-28, 약 3:13-18)
	저녁	모세가 40주야 기도하고 십계명의 두 돌판을 산에서 가지고 내려와 왜 두 돌판을 던져 깨트렸는가? (신 9:10-17, 히 9:11-15)

8.29 아침   예수님께서는 성전을 가리켜 기도하는 집이라고 말씀하셨는데 우리의 마음속을 깨끗이 해야 하는 이유는 무엇인가? (막 11:15-18, 고전 3:16-23)

저녁   하나님은 삶의 현장에서 계명을 즐거워하고 정직하게 살 때 어떠한 복을 주시는가? (시 112:1-4, 요일 3:18-24)

8.30 아침   믿음의 증거와 말씀과의 관계는 무엇인가? (히 11:1-3, 벧전 5:7-11)

저녁   여호와께서 양 떼를 어떻게 구원하실 것이라고 말씀하고 있는가? (겔 34:10-16, 벧전 2:18-25)

8.31 아침   죄와 의와 심판은 무엇이며 성령이 오시면 어떻게 된다고 말씀하는가? (요 16:8-13, 엡 6:10-18)

저녁   하나님은 반드시 의인과 악인을 갈라내어 구별할 때가 어떻게 온다고 말씀하고 있는가? (말 3:16-18, 요 12:44-50)

❖❖❖❖❖❖❖❖❖❖❖❖❖❖❖❖❖❖❖❖

9.1 주일 아침   바울 환상 후 루디아 집이 믿고 귀신 들린 여종을 치유하고 바울과 실라가 투옥된 후 간수에게 전한 복음은 무엇인가? (행 16:19-34, 살후 2:13-17)

저녁   하나님을 신뢰하고 의지하며 경외할 때 복을 주시며 영원까지 여호와 하나님을 찬양해야 할 이유가 무엇인가? (시 115:12-18, 골 3:15-17)

9.2 아침   복음으로 유대인들과 이방인들을 개종시켜 그들의 삶이 변화되듯이 하나님을 믿는 성도들은 장차 무엇을 볼 것인가? (사 54:11-17, 계 21:1-8)

	저녁	포도원과 농부의 비유는 예수님을 십자가에 못 박은 유대 종교자들의 패망을 의미하지만 궁극적으로 어떠한 일이 있을 것인가? (막 12:1-12, 고전 3:10-15)
9.3	아침	두 사람이 합심하여 하늘에 계신 아버지께 기도하며 응답 받는 중요한 점은 무엇인가? (마 18:15-20, 요일 5:13-21)
	저녁	야곱이 브엘세바를 떠나 밧단 아람으로 향하여 벧엘에서 돌을 베고 잘 때 꿈에 하나님의 사자가 나타나 말씀하신 내용은 무엇인가? (창 28:10-15, 히 6:13-20)
9.4.	아침	우리도 평생토록 기도하고 어떠한 고통과 환란과 슬픔을 만나도 본 시편 기자처럼 살아야 할 이유는 무엇인가? (시 116:1-10, 벧전 1:7-12)
	저녁	다윗의 가계에서 메시아가 나올 것을 예언한 말씀처럼 모든 나라와 백성들은 어떻게 하여야 하는가? (사 55:6-11, 딤후 1:9-14)
9.5	아침	그리스도인은 가정 윤리를 어떻게 지켜야 하며 그렇게 할 때 어떤 혜택이 있는가? (벧전 3:1-7, 벧후 3:8-18)
	저녁	겸손하게 위에 계신 하나님을 믿고 섬기며 경외할 때 주어지는 보상은 무엇인가? (잠 22:1-4, 마 6:30-34)
9.6	아침	여호와께서 예레미야에게 말씀하신 영원한 언약은 무엇인가? (렘 32:37-42, 롬 4:18-25)
	저녁	이스라엘이 회복되어 예루살렘의 모든 황폐했던 땅과 성읍도 우상을 버리고 죄악을 버리고 회개할 날이 올 것인가? (겔 36:32-36, 고전 9:20-27)
9.7	아침	예수께서 말씀하신 결혼관은 일부일처제로 이혼하지 말고 가정을 지켜야 하며 특이한 사항 세 가지는 독신주의를 말하는 것인가? (마 19:3-12, 히 13:4-8)

	저녁	이스라엘 백성을 구원하신 하나님을 찬양하며 감사해야 할 조건은 무엇인가? (시 118:18-24, 벧전 2:1-10)
9.8	주일 아침	술을 끊어야 할 이유가 무엇인가? (잠 23:29-35, 엡 5:15-21)
	저녁	잃은 양과 잃은 드라크마의 비유로 말씀하신 예수님은 죄인들에게 돌아와 하나님 곧 예수그리스도를 믿으라는 말씀인가? (눅 15:1-10, 롬 6:6-14)
9.9	아침	하나님은 마른 뼈 환상을 통하여 이스라엘 곧 영적으로 넓은 의미에서의 성도들에게 무엇을 약속하고 있는가? (겔 37:13-14, 계 20:1-6)
	저녁	하나님은 이스라엘 백성을 애굽에서 이끌어 내어 홍해를 육지같이 마른 땅이 되게 하신 하나님을 믿고 왜 의지해야 하는가? (슥 10:8-12, 갈 2:19-21)
9.10	아침	청년들뿐만 아니라 모든 사람들은 어떤 마음을 가질 것을 교훈하는 말씀인가? (전 11:9-10, 벧후 3:1-14)
	저녁	이스라엘의 타락한 목자들의 특징은 무엇인가? (사 56:9-12, 마 24:24-31)
9.11	아침	호세아와 이사야 선지자를 통하여 말씀하신 하나님은 이방인들까지 구원의 필요성을 어디에 두고 있는가? (롬 9:25-33, 벧전 2:6-10)
	저녁	주의 말씀과 규례와 고난과의 관계를 어떻게 강조하고 있으며 시편 기자는 어떻게 하였는가? (시 119:105-112, 히 4:12-16)
9.12	아침	욥의 말에 감동을 받은 사람들의 심령은 어떠하였는가? (욥 29:21-25, 롬 12:1-5)

	저녁	우상숭배를 배격하고 여호와의 말씀에 순종하여 기근을 모면했던 것처럼 우리는 무엇을 양식으로 삼아야 하는가? (암 8:11-14, 고후 6:1-10)
9.13	아침	여호와께서 이스라엘 백성을 바벨론 포로에서 돌아오게 하여 죄악을 사함은 물론 어떤 복을 주신다고 약속하고 있는가? (렘 33:7-9, 히 13:14-21)
	저녁	모세가 다시 십계명이 기록된 두 돌판을 받고 가나안을 향해 행진할 때 하나님께서 요구하는 것은 무엇이라고 말씀하셨는가? (신 10:12-15, 히 11:1-6)
9.14	아침	이사야는 입술의 열매를 창조하시는 하나님은 악인에게는 무엇이 없다고 두 가지를 말씀하고 있는데 무엇인가? (사 57:19-21, 골 3:12-17)
	저녁	하나님은 사악한 곡이 이스라엘을 침략할 때 자연재해와 전염병으로 멸망시키고 재림 시에는 어떻게 될 것인가? (겔 38:17-23, 계 20:7-15)
9.15	주일 아침	심판 때가 가까울수록 복음에 순종하여 하나님의 뜻대로 살아야 하며 고난당할수록 끝까지 무엇을 해야 하는가? (벧전 4:12-19, 요일 5:13-21)
	저녁	예수께서 이 땅에 오신 목적은 무엇인가? (마 20:25-28, 빌 2:6-18)
9.16	아침	의인과 행악자와 악인에 관해서 어떻게 말씀하고 있으며 결말은 무엇인가? (잠 24:15-22, 눅 23:33-43)
	저녁	여호수아가 갈렙을 축복하고 어느 곳을 기업으로 주었으며 그 이유가 무엇인가? (수 14:13-15, 히 12:1-5)
9.17	아침	구원받는 방편이 무엇인가? (롬 10:9-13, 딛 3:3-11)

	저녁	하나님은 이스라엘 백성들에게 죄악상으로 인해 심판받아 마땅하지만 진멸하지는 않겠다고 하신 것은 무엇 때문인가? (호 11:8-12, 약 5:7-12)
9.18	아침	예수께서 말씀하고 있는 율법과 복음과 부부 윤리에 대해서 어떻게 말씀하고 있는가? (눅 16:14-18, 계 19:7-10)
	저녁	여호와께서는 두루마리를 불태운 여호야김왕을 죽게 하였고 다시 예레미야는 누구에게 두루마리를 기록하게 하였는가? (렘 36:27-32, 히 10:11-25)
9.19	아침	스가랴 선지자를 통해서 어리석은 목자는 누구임을 말씀하셨는가? (슥 11:15-17, 요 10:7-18)
	저녁	우리는 환난 중에 부르짖어 무엇을 기도할 때 시편 기자처럼 응답받을 수 있는가? (시 120:1-2, 요일 3:18-24)
9.20	아침	예수께서 성전에 들어가 매매하는 사람과 돈 바꾸는 사람과 비둘기 파는 사람들의 상과 의자를 엎으신 의도는 무엇인가? (마 21:12-13, 벧전 4:12-19)
	저녁	예레미야가 감옥 뜰에 갇혔을 때 에벳멜렉에게 바벨론 성이 함락될 때 여호와께서는 어떻게 할 것을 말씀하셨는가? (렘 39:15-18, 막 8:27-38)
9.21	아침	하나님은 폭풍우 가운데 욥에게 땅의 기초와 바다의 한계에 관해서 말씀하시고 질문한 데서 우리에게 주는 교훈은 무엇인가? (욥 38:1-7, 히 12:25-29)
	저녁	하나님은 자기 백성을 어떻게 지켜 보호하고 계시는가? (시 121:7-8, 살후 2:13-17)

9.22	주일 아침	바울은 하나님의 지혜와 지식을 판단할 수 없으며 만물의 시작과 끝도 하나님께 달려 있으므로 무엇을 해야 한다고 하는가? (롬 11:33-36, 골 1:13-23)
	저녁	예수께서 나병 환자 열 명을 치유시키고 오직 사마리아 사람만 다시 돌아와 엎드려 기도하고 감사할 때 구원의 핵심은 무엇인가? (눅 17:11-19, 약 1:2-8)
9.23	아침	예수님께서 십자가 사건 전에 기도하시며 왜 성령으로 하나 되어 거룩한 공동체를 이루어야 한다고 말씀하셨는가? (요 17:24-26, 요일 4:14-21)
	저녁	꿀을 너무 많이 먹지 말고 자기의 영예도 구하지 말고 중요한 것은 무엇을 제어해야 한다고 말씀하고 있는가? (잠 25:27-28, 약 3:1-12)
9.24	아침	성경의 기록된 예언의 말씀을 사람의 뜻대로 해석해서는 안 되며 억지로 풀다가 어떻게 되는가? (벧후 1:20-21, 계 1:9-20)
	저녁	율법과 선지자의 강령이 되는 두 계명은 무엇인가? (마 22:34-40, 요 13:34-35)
9.25	아침	예루살렘이 순례자들의 도성이 되었지만 이제는 하늘에 계신 주님을 믿고 새 예루살렘 성을 향한 소망을 지닐 때 어떻게 되는가? (시 122:6-9, 계 21:1-8)
	저녁	이스라엘 백성이 가나안 땅에 들어가서 그리심산에서 축복을 에발산에서 저주를 선포하라는 여호와의 명령은 무엇인가? (신 11:26-32, 벧전 1:22-25)
9.26	아침	율법학자와 바리새인들의 외식주의는 무엇인가? (마 23:25-28, 요 8:45-51)

	저녁	다윗의 감사기도 가운데 하나님이 어떻게 복을 주신다고 하였는가? (대상 17:25-27, 살전 5:16-24)
9.27	아침	이스라엘 족속이 사로잡혀 간 이유와 다시 그들이 돌아와 많은 민족에게 보여 준 것은 무엇 때문이며 그들에게 무엇을 쏟았는가? (겔 39:21-29, 고전 15:51-58)
	저녁	다윗은 구원을 감사하기를 마치 새가 사냥꾼의 올무가 끊어져 벗어난 것처럼 우리는 누구에게 도움을 받을 수 있다고 하는가? (시 124:7-8, 빌 1:27-30)
9.28	아침	하나님은 야곱을 이스라엘이라 개명하여 아브라함과 이삭에게 주신 복을 계승케 하시고 야곱은 벧엘에서 어떠한 일을 하였는가? (창 35:9-15, 고후 6:1-10)
	저녁	금식기도의 유익성은 무엇인가? (사 58:6-12, 막 2:18-22)
9.29	주일 아침	오직 하나님만을 의지하고 신뢰해야 하는 자들이 배교하지 않고 끝까지 믿음을 지켜야 하는 이유는 무엇인가? (시 125:1-2, 갈 3:23-29)
	저녁	성경대로 환난 후에 예수님께서 재림하시는 모습을 볼 것이며 시기적으로 무엇이 중요하다고 말씀하고 있는가? (막 13:31-37, 계 1:4-8)
9.30	아침	이사야 선지자는 이스라엘 백성들의 죄악상을 폭로하고 그들이 자백할 때에 여호와께서 구원할 것을 어떻게 말씀하고 있는가? (사 59:13-21, 히 13:17-21)
	저녁	예수님께서 죽음과 부활을 재차 말씀하실 때 깨닫지 못하는 제자들의 모습은 무엇이 감추어졌기 때문이라고 말씀하셨는가? (눅 18:31-34, 롬 8:11-25)

❖❖❖❖❖❖❖❖❖❖❖❖❖❖❖❖❖❖❖❖❖❖❖

10:1	아침	시편 기자는 포로 생활에서 회복하신 여호와를 찬양하며 농부가 결실을 기대하듯 어떠한 간구가 응답받는다고 하는가? (시 126:5-6, 롬 8:31-39)
	저녁	여호와께서 예레미야에게 유다 백성들이 지은 죄가 무엇이며 불순종의 결과는 어떻게 된다고 말씀하셨는가? (렘 42:18-22, 갈 6:6-10)
10.2	아침	일곱 재앙 전 모세와 어린양의 노래를 통하여 구원받은 성도들의 신앙 목표가 무엇이라고 말씀하고 있는가? (계 15:1-4, 요 5:24-29)
	저녁	엘리후는 욥에게 천지 만물의 주관자요 통치자이신 하나님의 섭리와 주권에 순종할 것을 어떻게 말씀하였는가? (욥 36:24-33, 막 4:35-41)
10.3	아침	구속받은 자들의 최후 상태와 천국의 확장은 어떻게 이루어지게 되는가? (사 60:21-22, 고전 1:26-31)
	저녁	여호와께서 집을 세우지 않으면 어떻게 되고 여호와께서 성을 지키지 않으면 어떤 결과를 초래한다고 말씀하고 있는가? (시 127:1, 고후 5:1-10)
10.4	아침	예수님을 십자가에 못 박도록 넘긴 빌라도의 질문에 내 나라는 어디에 속하였으며 무엇을 증언하기 위하여 왔다고 말씀하셨는가? (요 18:36-40, 살후 2:13-17)
	저녁	거짓된 행위와 언어는 어떻게 된다고 말씀하고 있는가? (잠 26:26-28, 롬 9:1-5)
10.5	아침	여호와를 경외하는 자가 받을 복이 무엇이며 수고할 때 어떠한 복을 받는가? (시 128:1-2, 고전 15:50-58)
	저녁	다바네스는 유다의 남은 자들이 애굽에 살던 도시로 여호와께서 예레미야에게 누가 애굽을 정복하여 진멸할 것을 말씀하셨는가? (렘 43:8-13, 살전 1:8-10)

10.6	주일 아침	주의 재림 시 죽은 자와 산 자가 부활하여 주를 만나 불신자는 영벌에 처하고 신자는 영생함으로 무엇이 중요한가? (고전 15:50-58, 엡 4:11-15)
	저녁	그리스도인으로 부름 받아 거듭난 신자는 주님께서 다시 오는 그날까지 무엇이 샘솟듯 해야 하는가? (사 61:10-11, 빌 1:8-11)
10.7	아침	모세는 십계명이 새겨진 돌판을 받기 위하여 시내산에 올라가 얼마 동안 머물렀고 산 위에는 무엇과 같은 것이 보였는가? (출 24:12-18, 히 9:19-28)
	저녁	여호와께서는 우리의 영혼을 지켜보시고 무엇처럼 어떻게 기도하기를 원하며 말씀을 사모할 때 죄악을 어떻게 하는가? (시 130:5-8, 롬 10:9-15)
10.8	아침	일곱 대접 재앙 가운데 여섯 번째 대접 재앙을 하실 때 어떤 자가 복을 받으며 더러운 귀신의 세 영이 어디에서 전쟁을 일으키는가? (계 16:12-16, 히 12:18-29)
	저녁	하나님은 어떠한 분인가? (욥 37:14-20, 엡 3:14-21)
10.9	아침	여호와께서는 어디를 거처로 삼으시고 누가 그곳에 들어가 구원의 기쁨을 함께 누리는가? (시 132:13-18, 요 14:1-7)
	저녁	여호와께서 욥에게 우주와 자연현상의 발생과 소멸은 물론 동물과 조류의 생명까지도 누구에게 달려 있다고 말씀하고 있는가? (욥 38:33-41, 눅 17:24-37)
10.10	아침	예수님께서 재림하실 때에는 구약의 어느 때와 같으며 마지막 날 구원받을 자와 버림받을 자의 차이점은 무엇인가? (눅 17:26-37, 살전 4:13-18)

저녁		신명기 28장의 순종의 축복과 불순종의 저주를 받는 두 부문에서 순종하여 받는 복의 내용은 무엇인가? (신 28:1-14, 갈 3:5-14)
10.11	아침	하나님의 계속적 질문에 욥은 어떻게 대답했으며 욥의 침묵에서 얻을 수 있는 교훈은 무엇인가? (욥 40:1-5, 히 12:1-13)
	저녁	그리스도인의 향기는 생명에 이르는 냄새이며 그러면 사망에 이르는 냄새와의 양면성에서 어떤 자가 생명의 냄새가 나는가? (고후 2:12-17, 롬 12:1-2)
10:12	아침	참목자이신 그리스도와 대조적으로 거짓 목자는 삯꾼과 거짓 선지자들과 적그리스도 등을 총칭하며 어떤 심판을 받는가? (슥 11:15-17, 벧전 2:18-25)
	저녁	열방이 섬기는 우상의 특성은 무엇이며 결론적으로 시온에 계시는 하나님을 믿고 성도는 무엇을 해야 하는가? (시 135:15-21, 엡 5:15-21)
10.13	주일 아침	애굽에서 우상숭배를 자행하여 하나님의 법도와 율례를 어긴 유다 백성들을 하나님께서는 어떻게 하였는가? (렘 44:20-23, 벧후 3:8-14)
	저녁	죽음을 앞두고 여호수아가 이스라엘 백성들에게 당부한 마지막 권고는 무엇인가? (수 23:14-16, 요일 5:5-12)
10.14	아침	시편 기자는 서두에서부터 계속 여호와께 감사하라고 하는데 마지막 결론 부문에서 하나님께 어떻게 감사하라고 하였는가? (시 136:24-26, 엡 2:5-10)
	저녁	호세아는 벧엘에서 만난 야곱의 하나님을 어떻게 호칭하였으며 이스라엘 백성들에게 무엇을 촉구하였는가? (호 12:2-6, 고전 11:7-18)

10.15 아침　　주님께서 재림하실 때 반드시 수건을 벗은 얼굴로 맞는 성도들은 변화된 몸으로 예수님을 볼 것인가? (고후 3:12-18, 요일 3:18-24)

저녁　　거짓 선지자나 거짓 교사들은 주를 부인하고 방탕과 부도덕하며 탐욕으로 착취하기 때문에 어떻게 된다고 말씀하고 있는가? (벧후 2:17-22, 마 24:7-14)

10.16 아침　　우리는 내일 일을 자랑하지 말고 칭찬은 자신이 아닌 타인이 하게 하며 돌과 모래보다도 무거운 것은 무엇인가? (잠 27:1-3, 엡 6:1-9)

저녁　　메시아로 오신 예수그리스도께서 재림하여 심판하는 그날까지 하나님의 구속의 은혜를 깨닫고 왜 배반하지 말아야 하는가? (사 62:10-12, 히 12:1-13)

10.17 아침　　재림 시 어린양은 만주의 주요 만왕의 왕으로 사탄과 그의 추종자들을 패배시키고 승리하는데 그분은 누구인가? (계 17:14-17, 딤전 6:11-16)

저녁　　다윗은 하나님께서 보시는 통찰력을 믿고 기도하며 환난 중에 다닐지라도 원수들을 막아내고 무엇을 확신하였는가? (시 138:6-7, 엡 6:10-18)

10.18 아침　　이사야는 이스라엘이 성소까지 유린당한 것을 대변하여 회개하며 주님을 어떠한 분으로 지칭하며 기도하였는가? (사 63:15-19, 롬 5:1-11)

저녁　　바울이 말하는 속사람은 무엇이며 영원한 영광의 중함이 이루어질 것인데 보이지 않는 것은 무엇을 두고 한 말인가? (고후 4:16-18, 히 11:1-12)

10.19 아침　　여리고에서 구걸하던 맹인에게 예수님께서 무엇이 너를 구원하였다고 말씀하자 치유되었고 그와 백성들은 어떻게 하였는가? (눅 18:35-43, 히 10:32-39)

	저녁	요셉은 보디발의 아내의 유혹을 물리치고 누명을 쓰고 감옥에 갇혀도 끝까지 믿음과 정절을 지킨 결과는 어떻게 되었는가? (창 39:19-23, 딤후 3:12-17)
10.20	주일 아침	하나님께서는 유다를 먼저 구원하고 예루살렘 주민을 보호하시고 그들을 치러 오는 열국을 어떻게 하신다고 말씀하셨는가? (슥 12:7-9, 요일 3:4-12)
	저녁	다윗은 하나님께서 모든 것을 다 알고 계시는데 중요한 것 세 가지는 무엇인가? (시 139:1-4, 롬 14:8-18)
10.21	아침	바벨론의 재앙과 로마의 멸망에 대하여 성도들이 기뻐하고 즐거워해야 하는 이유가 무엇인가? (계 18:14-20, 계 21:1-8)
	저녁	지은 죄를 자복하면 하나님의 긍휼하심을 받고 어떠한 자가 복을 받으며 또 재앙에 빠지는 사람은 어떤 자인가? (잠 28:13-14, 요일 1:5-10)
10.22	아침	아덴의 법정 아레오바고에서의 바울의 설교 요지와 특징 다섯 가지가 있는데 무엇인가? (행 17:22-31, 요일 5:10-21)
	저녁	예루살렘성전이 파괴되고 백성들이 받는 고난에 대하여 이사야 선지자는 어떻게 탄원하였는가? (사 64:10-12, 약 1:12-18)
10.23	아침	예수그리스도께서 이 땅에 오신 목적이 무엇이며 새로운 피조물의 의미는 무엇인가? (고후 5:14-19, 엡 4:17-24)
	저녁	하나님은 바룩에게 예레미야의 말을 다시 기록하게 하고 모든 육체에 재난을 내릴 때 어떻게 된다고 말씀하셨는가? (렘 45:4-5, 유 1:17-25)

10.24	아침	메시아이신 목자를 거역하고 십자가에 못 박은 이스라엘 백성 가운데 얼마가 다시 돌아와 구원받게 될 것인가? (슥 13:7-9, 마 5:17-20)
	저녁	이스라엘의 영적 기갈로 인해 어떤 사람들이 멸망당하는가? (암 8:11-14, 롬 1:18-32)
10.25	아침	여호와께서는 고난을 당하고 궁핍할 때도 기도할 때 하나님의 도움이 있으며 또 의인과 정직한 자들은 어떻게 되는가? (시 140:12-13, 엡 6:10-20)
	저녁	바울은 이스라엘 백성들에게 하나님의 긍휼을 베푸심같이 우리도 하나님의 주권을 믿고 어떻게 신앙생활을 하라고 말씀하는가? (롬 11:30-36, 엡 1:15-23)
10.26	아침	그리스도인들은 빛의 자녀들처럼 행하고 구원받은 성도로 부름 받아 빛의 열매를 맺어야 하는데 어떤 삶을 살아야 하는가? (엡 5:8-14, 빌 2:12-18)
	저녁	온 세계를 통치하는 주권자는 하나님이시며 범사에 하나님께서 역사하시고 섭리하심을 믿고 어떻게 행하여야 하는가? (잠 29:26-27, 딤후 1:9-14)
10.27	주일 아침	예수께서 다시 오실 때 충성되고 지혜 있는 종은 주어진 사역을 감당하며 준비하지만 악한 종은 결국 어떤 형벌을 받는가? (마 24:45-51, 요 3:16-21)
	저녁	다윗은 자신이 당한 환난에서 하나님께 무슨 기도를 하였으며 또 자신을 괴롭히는 원수들을 어떻게 해 달라고 기도하였는가? (시 143:10-12, 딛 3:3-11)
10.28	아침	예수님께서 재림하실 때 이루어질 어린양 혼인 잔치에 성도는 부끄럽지 않은 삶을 살며 왜 신부처럼 단장해야 하는가? (계 19:7-10, 살전 4:13-18)

저녁	요셉은 몇 세에 애굽의 총리가 되었으며 그 두 아들의 이름은 무엇이며 칠 년 풍년 후 칠 년 흉년을 어떻게 대처하였는가? (창 41:46-57, 히 11:17-31)	
10.29 아침	이스라엘의 물질적 축복은 하나님을 믿는 성도들이 받을 복으로 다윗은 어떠한 백성이 복이 있다고 하였는가? (시 144:12-15, 살전 5:1-11)	
저녁	하나님은 바벨론왕 느브갓네살을 통하여 애굽은 징벌을 받고 다시 회복될 것이며 이스라엘은 장차 어떻게 될 것인가? (렘 46:25-28, 벧전 1:3-12)	
10.30 아침	아볼로는 어떤 사람이며 브리스길라와 아굴라에게 복음을 전하고 그가 어떻게 유대인들을 이겼는가? (행 18:24-28, 고전 3:10-23)	
저녁	하나님은 욥에게 네 오른손이 너를 구원할 수 있다고 말씀하신 의도는 무엇인가? (욥 40:10-14, 약 4:5-10)	
10.31 아침	성도는 거룩성을 상실해서는 안 되며 거짓 교사들에게 미혹되지 않도록 영적으로 어떠한 삶을 살아야 하는가? (고후 6:16-18, 엡 6:10-18)	
저녁	다윗은 왕이신 하나님을 찬양하고 마지막으로 하나님을 경외하며 기도하는 자들을 구원하시고 악인들은 어떻게 되는가? (시 145:18-21, 약 5:7-16)	

❖❖❖❖❖❖❖❖❖❖❖❖❖❖❖❖❖

11.1	아침	예수님께서 성전에서 장사하는 사람들을 내어 쫓으시고 백성들을 날마다 가르치실 때 누가 음모를 꾸며 죽이려고 하였는가? (눅 19:41-48, 벧전 4:12-19)
	저녁	이스라엘의 재판제도에 있어서 몇 명 이상의 증인을 필요로 하였으며 생명과 눈과 이와 손과 발은 어떻게 보복하였는가? (신 19:15-21, 마 5:38-48)
11.2	아침	바울은 두란노서원에서 몇 년 동안 복음을 강론하고 많은 사람들을 치유시켰으며 어디에서 무엇으로 세력을 얻어 부흥하였는가? (행 19:8-20, 롬 1:8-17)
	저녁	하나님은 바벨론을 패망시키고 이스라엘 백성들을 본국으로 송환하여 그들이 살 곳은 어디며 그들의 죄를 어떻게 용서하였는가? (렘 50:17-20, 행 5:30-42)
11.3	주일 아침	아굴은 자신의 무지함을 깨닫고 오직 무엇을 의지해야 하며 또 두 가지 일을 구하였는데 무엇인가? (잠 30:5-9, 계 22:18-21)
	저녁	하나님의 뜻대로 하는 근심과 세상 근심과의 차이점은 무엇이며 하나님의 뜻대로 하는 근심은 사람을 어떻게 변화시키는가? (고후 7:10-11, 요 14:1-18)
11.4	아침	사람이 태어나서 인생과 집권자도 의지하지 말고 이스라엘 백성을 구원하신 누구를 기억하여 어떻게 할 때 복이 있다고 하였는가? (시 146:1-5, 계 1:1-8)
	저녁	예배의 중요성을 인식하여 이 세대를 본받지 않는 삶을 살기 위해서 어떤 삶을 살아야 하며 분별력은 무엇으로만 가능한가? (롬 12:1-2, 엡 4:22-32)
11.5	아침	바울은 에베소의 고별설교에서 예루살렘에서 어떠한 환난과 결박을 당할지라도 무엇을 감당하려고 그곳으로 가려고 하였는가? (행 20:22-24, 골 1:24-29)

	저녁	예수님은 자신이 왕이라고 밝혔는데 당시 유대인만이 아닌 온 세상의 왕권을 소유하고 계신 통치자인가? (요 18:33-40, 계 15:1-8)
11.6	아침	바울이 고린도 교인들에게 물질을 바치는 이유 가운데 중요한 것은 그들의 생활을 어떻게 하기 위해서였는가? (고후 8:7-9, 약 2:21-26)
	저녁	요셉과 그 형제들과 야곱의 온 가족을 위해서 바로가 친절을 베풀고 배려하는 것은 무슨 연유인가? (창 45:16-20, 고후 6:1-10)
11.7	아침	여호와께서 흩어진 백성들을 포로에서 돌아오게 하시고 양 떼를 다시 모아 어디에서 영원토록 다스리시는가? (미 4:6-8, 히 12:1-13)
	저녁	이스라엘 백성들이 다시 하나님의 축복을 받을 수 있었던 비결이 어디에 있었으며 어떻게 해야 복을 받는다고 하였는가? (신 30:9-10, 계 22:1-15)
11.8	아침	바울은 예루살렘으로 올라가지 말라는 그를 믿고 따르는 사람들의 권유를 받아들이지 않자 그들은 무슨 말을 하였는가? (행 20:13-14, 마 6:30-34)
	저녁	예수님을 하나님의 아들로 시인하고 믿을 때 심판날까지 담대할 수 있는 신앙의 요건은 무엇인가? (요일 4:14-21, 벧후 2:9-11)
11.9	아침	예수그리스도의 재림을 앞두고 성도들의 신앙생활에 있어서 무엇으로 옷 입고 육신의 일을 도모하지 말아야 하는가? (롬 13:11-14, 벧전 4:7-12)
	저녁	이스라엘 백성들이 바벨론 포로 생활에서 회복한 것을 감사하여 찬양하였을 때 하나님은 그들에게 어떠한 은총을 베풀었는가? (시 147:1-7, 고후 1:3-11)

11.10 주일 아침   예수님께서 십자가에서 신 포도주를 받으신 후 영혼
이 떠나가실 때 주님은 무슨 말씀을 하셨으며 그 의
미는 무엇인가? (요 19:28-30, 딤전 2:1-15)

       저녁   고린도 교회가 예루살렘 교회를 돕기 위해서 바울이
모금을 한 점을 생각하여 오늘날 우리도 헌금을 어
떻게 바쳐야 할 것인가? (고후 9:6-7, 눅 21:1-4)

11.11 아침   포도원 농부의 비유에서 건축자들의 버린 돌이 모퉁
이의 머릿돌이 되었다는 머릿돌은 누구를 지칭하는
가? (눅 20:9-18, 행 4:1-12)

       저녁   바울이 회심한 후 예루살렘성전에서 기도할 때 주님
께서 하신 말씀과 스데반이 순교를 당할 때 가담한
사실은 무엇인가? (행 22:7-21, 갈 1:11-24)

11.12 아침   하나님은 어떤 자에게 은혜를 베풀며 마귀를 대적하
고 하나님을 가까이할 때 받는 축복은 무엇인가? (약
4:5-8, 엡 4:25-32)

       저녁   예수님께서 잡혀가시기 전날 밤 제자들에게 깨어 있
으라 말씀하시는 기도 명령에 제자들은 어떻게 대처
하였는가? (막 14:32-42, 엡 6:10-20)

11.13 아침   하나님께서 궁창의 위엄을 나타내시고 처소가 되신
다는 의미는 무엇인가? (신 33:27-29, 요 14:1-6)

       저녁   모세는 자신의 이름을 책에서 지워 달라고까지 중보
기도를 하였을 때 여호와께서 백성들을 치신 이유는
무엇인가? (출 32:30-35, 히 8:1-13)

11.14 아침   바리새인들과 사두개인들 사이에 큰 분쟁이 일어났
을 때 주님께서 바울에게 하신 말씀은 무엇인가? (행
23:1-11, 고전 15:1-11)

저녁		이스라엘이 섬기는 하나님과 우상을 비교하고 여호와는 어떠한 분이시며 종국은 어떻게 된다고 말씀하셨는가? (렘 51:15-19, 벧후 3:8-18)
11.15	아침	예수님께서는 양과 염소의 비유로 마지막 심판 때에 누가 영벌과 영생에 들어간다고 말씀하셨는가? (마 25:40-46, 요일 5:1-12)
	저녁	야곱이 죽을 때가 가까워 오자 요셉에게 남긴 말과 요셉은 어떻게 대처하였는가? (창 47:28-31, 히 11:8-16)
11.16	아침	하나님은 마지막으로 새 하늘과 새 땅을 창조하여 새 예루살렘의 모습을 볼 것이며 하나님 나라의 성산에 관한 말씀은 무엇인가? (사 65:17-25, 계 21:1-27)
	저녁	종말에 관해서 예수께서 제자들에게 어떻게 충고하고 이를 대처하고 극복하기 위해서는 어떻게 하라고 말씀하셨는가? (눅 21:34-36, 마 28:16-20)
11.17	주일 아침	바울은 선교지를 확장하고 성도들이 복음을 전하는 데 주님으로부터 인정받는 자는 어떠한 성도라고 말씀하고 있는가? (고후 10:15-18, 딤후 4:1-8)
	저녁	거짓 선지자와 거짓 선생들의 마지막 운명에 대해서 무엇으로 그들을 비유하였는가? (벧후 2:20-22, 마 12:38-45)
11.18	아침	주의 영광을 보여 달라는 모세의 물음에 하나님은 어떻게 응답하셨는가? (출 33:17-23, 살후 1:3-12)
	저녁	예수님께서 재림하실 때 성도는 휴거하여 주님을 만나고 천년 왕국을 이루는 동안 사탄은 무저갱에 감금되며 곡과 마곡의 전쟁과 백보좌심판을 거쳐 성도는 영원천국 불신자는 영원지옥 불 못에 처해지며 새 하늘 새 땅까지 도래됨을 성경대로 믿는가? (계 20:1-15, 딤후 4:1-8)

11.19	아침	데살로니가 교회가 하나님께 감사한 것과 바울의 권고사항은 무엇인가? (살후 2:13-17, 고후 1:1-11)
	저녁	하나님은 심판 날 하나님을 믿고 경외하는 자들에게 어떤 은총을 내리며 그때 어떤 일이 일어나는가? (말 3:17-18, 딤전 6:11-19)
11.20	아침	예수님께서 골고다에서 십자가에 못 박히실 때 말씀하신 엘리 엘리 라마 사박다니는 무슨 뜻이며 누가 진실로 하나님의 아들이었다고 증언하였는가? (막 15:33-41, 요일 4:7-21)
	저녁	땅에서 어떤 자들이 하나님을 찬양하라고 말씀하시며 여호와의 이름과 그 영광은 어떻다고 말씀하고 있는가? (시 148:11-14, 골 3:12-17)
11.21	아침	형제 비판 문제에 있어서 바울의 신앙 견해는 무엇인가? (롬 14:8-12, 약 5:7-11)
	저녁	하나님은 에스겔에게 성전물이 흘러 바다가 되살아나며 각종 과실나무와 잎사귀는 어떻게 된다고 말씀하셨는가? (겔 47:6-12, 계 22:1-5)
11.22	아침	바울이 벨릭스 총독 앞에서 변명한 수일 후 그 아내 앞에서 강론한 믿는 도리 세 가지는 무엇인가? (행 24:10-27, 약 2:21-26)
	저녁	야곱은 장자인 므낫세보다 에브라임에게 오른손을 얹어 축복한 사실에서 하나님의 섭리와 축복권의 관계는 무엇인가? (창 48:17-22, 눅 24:44-53)
11.23	아침	예수께서 감람산에서 밤이 맞도록 아버지의 원대로 되기를 원하여 간절히 기도하시며 제자들에게 하신 말씀은 무엇인가? (눅 22:39-46, 마 6:5-15)

저녁 바울이 로마에 호송되기 전 베스도 총독은 아그립바 왕과 배석자들 앞에서 황제에게 상소하며 무슨 죄가 없고 무엇 때문에 그를 보내는 것이 무리하다고 하였는가? (행 25:23-27, 갈 6:1-10)

11.24 주일 아침 바울의 고난과 참된 자랑은 무엇인가? (고후 11:21-31, 빌 2:12-18)

저녁 겟세마네 동산에서의 예수님의 기도는 무엇인가? (마 26:36-46, 히 5:1-10)

11.25 아침 이스라엘을 다스릴 자가 어디에서 탄생할 것을 말씀하였으며 그의 근본은 어디에 있다고 하셨는가? (미 5:1-6, 눅 2:1-14)

저녁 예수님께서 십자가에 못 박히실 때 두 행악자 가운데 어떤 행악자가 낙원에 이르게 되었으며 그 이유는 무엇인가? (눅 23:33-43, 계 2:1-7)

11.26 아침 성도들이 하나님을 찬양해야 할 이유와 또 하나님의 은총에 대해서 어떻게 해야 하는가? (시 149:4-5, 엡 5:15-21)

저녁 바울이 다메섹 도상에서 부활하신 예수님을 만나 왜 자신을 종과 증인으로 삼으셨는지 아그립바왕에게 변론한 내용은 무엇인가? (행 26:13-23, 골 1:24-29)

11.27 아침 신앙생활을 하면서 예수님은 어떠한 분임을 말씀하고 있으며 또 인내하며 무엇을 벗어버리라고 말씀하고 있는가? (히 12:1-13, 롬 6:15-23)

저녁 모세가 시내산에서 두 번째 십계명을 받고 내려올 때 그의 얼굴은 어떠하였으며 수건을 어떻게 하였는가? (출 34:29-35, 행 7:54-60)

11.28 아침   예수님께서 십자가에 못 박힐 때 제3시는 우리 시간으로 몇 시이며 엘리 엘리 라마 사박다니 외쳤는데 그 뜻은 무엇인가? (마 27:45-56, 고후 13:4-9)

　　　저녁   야곱은 어디에 장사하였으며 그의 죽음과 성도의 죽음은 예수께서 재림할 때 어떻게 되는가? (창 49:29-33, 고전 15:51-58)

11.29 아침   바울은 로마 교회에 무엇을 가지고 갔으며 무엇을 부탁하였으며 축도의 내용은 무엇인가? (롬 15:29-33, 살후 3:13-16)

　　　저녁   부활하신 예수님께서 나타나 제자들에게 말씀하신 요지는 무엇인가? (요 20:19-23, 살전 4:13-18)

11.30 아침   바울은 알렉산드리아 배가 난파 직전에 무슨 말을 하였으며 또 하나님의 사자가 전날 밤 그의 곁에 서서 한 말은 무엇이며 결론적으로 바울은 어떤 말을 하였는가? (행 27:9-26, 롬 11:30-36)

　　　저녁   바울이 체험한 환상과 계시는 무엇이며 하나님은 왜 그에게 육체의 가시를 주었는가? (고후 12:1-10, 엡 3:1-13)

❖❖❖❖❖❖❖❖❖❖❖❖❖❖❖❖❖❖❖❖

12.1 주일 아침   예수님의 최후 지상명령은 무엇인가? (마 28:16-20, 요 12:48-50)

　　　저녁   요셉이 형들을 용서하며 어떻게 위로하였는가? (창 50:15-21, 살전 2:10-16)

12.2	아침	바울은 구원이 누구에게 달려 있으며 석방된 후에 이 년 동안 어떻게 생활하였는가? (행 28:23-31, 벧전 4:7-11)
	저녁	이스라엘 백성은 성막 위에 낮과 밤에 무엇이 어떻게 역사하심을 눈으로 보았는가? (출 40:34-38, 딤전 3:14-16)
12.3	아침	바울은 나의 복음이라고 계시의 확실성을 말씀하고 이방 선교를 위해 누가 믿어 순종하는 데 목적이 있다고 하였는가? (롬 16:25-27, 마 24:3-14)
	저녁	고린도 교회에 바울이 강력하게 요청한 것은 무엇인가? (고전 16:13-14, 딤후 4:1-8)
12.4	아침	예수님의 승천과 제자들이 복음을 전파할 때 따르는 표적은 무엇인가? (막 16:19-20, 행 1:1-11)
	저녁	사람의 소유나 물질을 하나님께 바치고 그것을 되돌려 달라고 할 수 있는가? (레 27:28-29, 롬 13:1-7)
12.5	아침	고린도 교회를 향한 바울의 마지막 권면과 축도의 내용은 무엇인가? (고후 13:11-13, 눅 24:44-53)
	저녁	새 하늘과 새 땅을 바라보며 하늘에서 새 예루살렘 성전이 하늘에서 내려올 때 성도들과 불신자들은 어떻게 되는가? (계 21:1-8, 마 10:24-33)
12.6	아침	하나님의 성품과 인간의 본성은 무엇인가? (살전 5:23-24, 골 1:16-23)
	저녁	민수기의 최종 기록은 누가 어디에서 기록하였으며 그 목적은 무엇인가? (민 36:13, 벧전 3:8-12)
12.7	아침	모세는 출애굽의 지도자였지만 또한 어떠한 선지자였는가? (신 34:9-12, 히 11:23-32)

	저녁	여호수아가 죽음을 앞두고 세겜에서 한 마지막 행동은 무엇이며 그 일로 인해 이스라엘 백성들에게 어떤 영향을 주었는가? (수 24:19-28, 벧후 1:16-21)
12.8	주일 아침	바울의 데살로니가 교회를 향한 권면은 무엇인가? (살후 3:6-15, 히 12:1-13)
	저녁	룻과 보아스로 낳은 아들은 누구이며 그의 계보에서 누구를 낳았는가? (룻 4:13-17, 마 1:1-16)
12.9	아침	신랑은 신부에게 무엇을 부탁하였으며 이 마지막 노래는 무슨 의미가 있는가? (아 8:13-14, 계 2:1-7)
	저녁	느헤미야는 이방 여인들의 결혼 피해를 어떻게 대처하였는가? (느 13:27-31, 벧후 3:1-7)
12.10	아침	사사기의 마지막 절에서 우리가 생각해 볼 것은 무엇인가? (삿 21:23-25, 벧후 3:8-14)
	저녁	사울이 자살함으로 그의 부하들에게 나쁜 본을 보였으며 그의 죄악이 국가에 미친 결과는 무엇인가? (삼상 31:3-7, 롬 1:18-25)
12.11	아침	에스라가 성전 앞에서 백성들을 위하여 무엇을 어떻게 하였는가? (스 10:1-4, 약 3:14-26)
	저녁	이스라엘 백성이 애굽에서 나올 때 하나님과 맺은 언약은 무엇인가? (학 2:5-9, 계 11:15-19)
12.12	아침	마귀를 대적하기 위하여 우리는 어떻게 신앙생활을 해야 하는가? (엡 6:10-20, 살전 4:13-18)
	저녁	거룩한 새 예루살렘의 성읍을 무엇이라 부르게 될 것인가? (겔 48:35, 계 21:1-8)
12.13	아침	바울은 내 몸에 예수의 흔적을 가졌다고 했는데 그 고백은 무슨 뜻인가? (갈 6:17-18, 행 20:24-28)

저녁   시드기야는 어떤 인물이며 어떤 벌을 받았는가? (렘 52:1-11, 고후 7:9-16)

12.14   아침   하나님은 이스라엘에 어떤 재앙을 내리셨으며 다윗 은 어떻게 중보기도를 하였는가? (삼하 24:15-17, 눅 22:39-46)

저녁   성도가 신앙생활을 하면서 지켜야 할 덕목은 무엇이 며 바울은 이것을 어떻게 하라고 하였는가? (빌 4:8-9, 딤후 3:12-17)

12.15   주일 아침   불의와 우상을 버리고 하나님을 믿어야 할 이유는 무엇인가? (요일 5:17-21, 계 21:5-8)

저녁   가정에서 칭찬받는 여인은 누구며 식구들도 어떠한 열매를 맺어야 하는가? (잠 31:27-31, 마 7:15-27)

12.16   아침   아하수에로 왕국이 부강해질 수 있었던 요인이 어디 에 있었는가? (에 10:1-3, 딤전 2:1-15)

저녁   이스라엘왕 아하시아의 통치는 그의 부모 아합과 이 세벨의 죄악을 답습하여 악을 저질러 하나님을 어떻 게 하였는가? (왕상 22:51-53, 벧전 3:8-12)

12.17   아침   바울은 골로새 교인들에게 어떻게 기도하라고 하였 는가? (골 4:1-3, 빌 4:1-7)

저녁   바울은 디모데에게 예수그리스도께서 나타나실 때 까지 어떤 명령을 지켜야 하며 하나님은 어떤 분임 을 묘사하고 있는가? (딤전 6:11-16, 계 22:1-5)

12.18   아침   성도의 구원받는 단계는 어떻게 되는가? (딛 3:4-7, 살후 2:13-17)

저녁   하나님은 사로잡힌 이스라엘 백성들을 어떻게 하셨 는가? (암 9:11-15, 행 15:25-29)

12.19 아침 하나님의 심판을 받은 니느웨는 결국 어떻게 되는
가? (나 3:18-19, 눅 10:11-36)

저녁 욥의 모년의 축복을 통해 하나님은 우리에게 무엇을
보여 주고 있는가? (욥 42:12-17, 롬 12:1-13)

12.20 아침 여호야긴이 감옥에서 풀려난 것은 무슨 의미가 있는
가? (왕하 25:27-30, 행 16:19-34)

저녁 하박국 선지자는 환난이 다가오는데도 기뻐한 이유
는 무엇인가? (합 3:17-19, 살전 5:16-18)

12.21 아침 하나님은 호세아 선지자를 통하여 회개한 이스라엘
백성들에게 다시 열매를 맺게 하시며 마지막 권면은
무엇인가? (호 14:4-9, 갈 3:5-14)

저녁 예레미야가 탄식하고 하나님께 탄원한 것은 무엇인
가? (애 5:19-22, 롬 11:25-36)

12.22 주일 아침 하나님은 환난 중에 있는 바울을 어떻게 붙들어 주
셨는가? (딤후 4:17-18, 히 7:24-28)

저녁 다윗의 죽음과 그의 행적이 어디에 기록되었으며 주
변 국가와의 싸움을 통해 우리의 방향을 어떻게 제
시하고 있는가? (대상 29:26-30, 벧전 4:12-19)

12.23 아침 역대기의 결론은 무엇인가? (대하 36:22-23, 엡 2:4-
10)

저녁 마지막 날에 하나님을 경외하는 자들은 어떻게 되
는가? (말 4:1-3, 벤후 3:8-13)

12.24 아침 요나가 박 넝쿨로 인해 성내는 것을 책망할 때 뭐라
고 대답하였으며 하나님은 이어 무슨 말씀을 하셨는
가? (욘 4:9-11, 딤후 4:1-8)

	저녁	심판 날 이스라엘 백성은 어떻게 되는가? (욜 3:14-17, 벧후 1:16-21)
12.25	아침	히브리 기자의 축도에서 볼 수 있는 것은 무엇인가? (히 13:20-21, 갈 2:17-21)
	저녁	미가 선지자의 하나님을 향한 신앙고백과 언약을 어떻게 이행하시는지에 관해서 무엇을 보여 주고 있는가? (미 7:18-20, 히 13:18-21)
12.26	아침	하나님은 이스라엘 백성들을 어떻게 구원하시는가? (습 5:17-20, 계 2:1-7)
	저녁	주님의 말씀을 지키며 말씀에 의지한 베드로는 어떤 축복을 받았는가? (요 21:1-11, 요일 3:1-12)
12.27	아침	베드로는 젊은이들에게 어떻게 권고하였는가? (벧전 5:5-9, 요일 5:13-21)
	저녁	세상의 마지막 때 하나님의 사자는 다니엘에게 무슨 말을 하였는가? (단 12:10-13, 롬 8:27-32)
12.28	아침	여호와께서 아시는 날은 어떤 날이며 그날에는 어떤 일이 발생하는가? (슥 14:7-11, 딤전 6:11-16)
	저녁	사람의 본분이 무엇이며 하나님을 경외하고 명령을 지켜야 할 이유는 무엇인가? (전 12:13-14, 롬 2:12-16)
12.29	주일 아침	야고보는 고난과 오래 참음의 본을 어디에서 찾으라고 하였는가? (약 5:7-11, 벧후 3:14-18)
	저녁	하나님의 영광이 어느 곳에 전파되며 앞으로 어떤 일이 발생할 것인가? (사 66:18-24, 계 21:9-27)
12.30	아침	하나님은 심판 날 경건한 자들에게 약속하신 것은 무엇이며 새 하늘과 새 땅을 바라보는 자들의 신앙 자세는 어떠한가? (벧후 3:11-18, 계 21:1-8)

저녁	우리가 하나님을 찬양해야 할 이유는 무엇인가? (시 150:6, 계 5:11-14)	
12.31 주일 아침	예수님께서 하늘로 올라가시면서 하신 말씀은 무엇인가? (눅 24:50-53, 행 1:6-11)	
저녁	속히 오시겠다고 계시록 마지막 장에 세 번이나 말씀하시는 예수님은 우리가 어떻게 신앙생활 하기를 원하시는가? (계 22:16-21, 마 28:16-20)	

참고

1. **여호와**(히: 야훼, 헬: 퀴리오스-주, 예수)

   나는 스스로 있는 자(출 3:14)-절대 권능의 하나님으로 스스로 계시며 반드시 언약을 성취하는 하나님을 의미함

2. **여호와 닛시**(출 17:15)

   여호와는 나의 깃발(모세가 아말렉과 싸워 승리함)

3. **여호와 샬롬**(삿 6:24)

   여호와는 평강이시다(기드온이 오브라에 제단을 세움)

4. **여호와 이레**(창 22:14)

   여호와께서 준비하시다(아브라함이 모리아 땅의 한 산에서 이삭을 번제로 드릴 때 여호와께서 숫양을 준비하심)

5. **여호와 치드케누**(렘 23:6)

   여호와는 우리의 의(예레미야가 장차 이스라엘을 다스릴 다윗왕의 계보에서 메시아가 오실 것을 예표함)

6. 여호와 로이(시 23:1)

   여호와는 나의 목자이시다

7. 여호와 라파(출 15:26)

   여호와께서 치료하신다

8. 여호와 삼마(겔 48:35)

   여호와께서 거기 계신다(에스겔이 환상 중에 하늘의 예루살렘에 계신 여호

   와를 봄)

9. 여호와 체바오트(삼상 1:3)

   만군의 여호와를 지칭하며 엘가나가 매년 실로에서 예배함

10. 여호와 마케(겔 7:9)

    멸망시키는 여호와이시다

11. 여호와 게뮬로트(렘 51:56)

    여호와는 보복의 하나님이시다

12. 여호와 메카디쉬켐(출 31:13)

    너희를 거룩하게 하시는 여호와이시다

◆ 이 성경 예화는 53개로 구성되어 있으며 매 주일 일자대로 1개씩만 읽고 자신의 신
   앙에 반영하여 성장과 실천에 도움이 되기를 권장합니다.

성경 예화
(2024년도)

1. 조각가 다네커의 신앙 (1월 7일)

독일의 유명한 조각가 다네커(Dannecker)는 신실한 크리스천으로 오랫동안 꿈꾸어 왔던 예수님상을 조각하기로 마음먹고 작업에 들어갔다. 4년간의 시일이 경과된 후 작품을 완성한 다네커는 자신에 대한 평가를 알아보기 위해서 주일학교 다니는 학생을 불러 이렇게 물었다.

"얘, 이 조각의 얼굴이 누군지 알겠니?" "글쎄요, 잘 모르겠는데요."

그 어린아이의 간단한 대답에 실망한 조각가는 곧바로 수정작업에 들어갔다. 2년의 시간이 경과된 후 다시 작품을 마친 그는 2년 전 그 어린 학생을 불러 다시 물어보았다.

그러자 아이는 조용히 조각을 들여다보며 이렇게 말했다.

"이분은 우리의 친구 예수님이셔요."

조각가는 자신이 그토록 사모하는 거룩하신 예수님의 얼굴을 조각했다는 사실이 너무나 기뻤다. 이 소식이 널리 퍼졌고 마침내 프랑스 당국에서는 당시 프랑스의 신으로 모시다시피 하던 비너스상 조각을 부탁했다. 물론 엄청난 작업비를 준다고 하였으나 다네커는 한마디로 거절하였다.

"나는 거룩하신 예수님상을 조각한 사람입니다. 어찌 내 손으로 이방의 더러운 신을 조각할 수 있겠습니까?"

그는 진실로 무엇이 거룩한지를 알고 있었으며 거룩한 백성이 된 자신의 처신을 어떻게 해야 할지를 아는 사람이었다. 금년 새해에도 이방 땅끝까지 더 많은 백성들이 예수그리스도를 주로 믿어 민족복음화가 이루어지기를 기원한다.

2. 인간의 생각과 행동 (1월 14일)

인생을 살아가면서 무엇을 생각하고 어떻게 행동하느냐에 따라 실패와 성공이 판가름 나기도 한다. 건강한 사람처럼 생각하고 행동을 하면 건강한 사람이 될 수도 있으나 병자처럼 생각하고 마음먹고 행동을 하면 병자도 될 수 있다. 착한 사람처럼 생각하고 행동에 옮기면 착한 사람이 될 수 있다. 그러나 술고래처럼 생각하지는 않더라도 자꾸 더 마시게 되면 결국 알코올중독자로 전락할 것이다.

부자는 아니더라도 나도 열심히 노력하고 행동에 옮기면 부요한 삶을 살 수도 있지만 거지처럼 살지는 않더라도 구걸하며 행동하면 결국 거지 신세가 되고 만다.

이와 같이 인간 삶에도 사람으로 태어나 내가 왜 존재하며 무엇을 위해 살아야 할 것인가? 목표를 세우고 생각하고 행동에 옮기면 반드시 성공자도 될 수 있고 반대로 실패자도 될 수도 있다. 그러나 성경에 기록된 하나님 말씀을 붙들고 지키려는 생각을 가지고 행동에 옮기면 성공자가 될 수 있다.

그것은 예수님 공생애 사역의 시작에 마태복음 4장 4절에서 사람이 떡으로만 살 것이 아니요 하나님의 입으로 나오는 모든 말씀으로 살 것이라, 말씀하셨기 때문이다.

3. 플랭크린 워드의 식물기도 (1월 21일)

미국의 플랭크린 워드 목사는 기도로 식물이 어떻게 되는지 실험을 해 보았다. 두 개의 화분에 똑같이 보리를 심고 한쪽 화분만을 위해서 기도를 한 결과 기도를 한 화분이 더 잘 자라는 것을 볼 수 있었다. 이상하다 싶어 이번에는 화분을 바꾸어 놓고 기도를 해 보았는데 여전히 기도를 한 화분이 더 잘 자라는 것을 보았다. 그래서 이번에는 종자를 바꾸어 심어 봐도 여전히 기도한 쪽이 무성하게 자라는 것을 무려 5년이나 실험하고 책을 편찬하였다. 그 책 이름은 '기도는 식물에 어떤 영향을 미치는가?'인데 많은 사람들이 그 책을 읽고 큰 감화를 받은 일이 있다. 참으로 기도는 식물뿐만 아닌 모든 사물에도 영향력이 있는데 기도의 중요성에 대하여 공헌을 하였다. 참으로 인간들은 천지 만물을 창조하신 하나님을 믿고 기도할 때 그 해답은 그분의 능력에 달려 있음을 믿을 것이다.

4. 물고기 배 속 (1월 28일)

1758년 지중해를 항해하던 대형어선에서 엄청난 폭풍우로 인해 선원이 물에 빠지게 되었다. 그런데 그 사람은 물고기 배 속에서 발로 사정없이 차고 손으로 쥐어뜯으니까 고기가 그만 아파서 견디질 못하고 물에 뜨게 되었다. 그러자 선장이 총을 쏘아 잡아 갑판 위에 올려놓으니까 그 선원을 토해 내는데 길이가 20척, 폭이 9척, 중량이 3,924파운드나 나가는 물고기였다. 그 후 1891년 2월에는 제임스 베드렌이란 고기잡이 업자가 지중해에서 고래를 잡다가 그만 바다에 빠져 고래가 그 사람을 삼켰는데 이상하게도 다른 포경업자에게 고래가 잡혀 그 사람을 꺼내어 보니 감각만 없었지 생명은 살아 있는데 3개월 동안 치료받고 완치되었다. 미국에까지 알려져 그 후 버드렌이란 이름으로 유명해졌다.

이러한 점을 볼 때 하나님 명령에 불순종한 요나가 자기 생각대로 다시스로 가는 배를 타고 도망하였지만 결국 하나님은 물고기 배 속까지 들어가 짠물과 쓴물과 핏물 속에서 기도하는 그를 다시 육지에 토해 낸 성경적 사건은 역사적 실증이며 요나를 통하여 니느웨 백성들을 구원하기 위한 하나님의 섭리가 있었음을 볼 수 있다. 풍랑을 잔잔하게 하신 예수님, 이 땅에 사는 민족들이 주님을 더 많이 믿어 물속에 빠지지 않게 하옵소서!

5. 바비리츠와 바나나 껍질 (2월 4일)

영국인 바비리츠는 묘기를 행하는 사람으로서 조그만 통을 타고 미국의 나이아가라폭포를 건너 전 세계 사람들이 깜짝 놀란 일이 있었다. 그가 묘기를 행하기 전 많은 사람들은 그의 죽음을 염려했으며 혹시 신체적으로 장애가 발생할 수 있다고 염려하기도 하였다. 그런데도 그는 모든 걱정과 염려를 물리치고 승리를 성취하였다.

며칠 후 우연찮게 길을 걷다가 바나나 껍질에 미끄러져 오른쪽 다리가 부러지는 불행을 당했다. 매스컴은 또다시 떠들썩했다.

'나이아가라도 이긴 바비리츠가 바나나 껍질에 항복하다!'

'위험은 언제나 우리 곁에 있음을 보여 준 바비리츠.'

이 사건은 차마 웃지 못할 일로서 스튜어드 앤더슨 목사는 이렇게 말했다.

때로는 우리가 주위에서 커다란 유혹이 문제가 되지 않을 수 있지만 작은 유혹이 우리를 넘어뜨리는 것은 말씀에 귀를 기울이지 않기 때문이라고 하였다. 우리는 보디발의 아내의 유혹을 물리친 요셉처럼 살 수는 없을까?

6. 멍에를 맨 어미 소 (2월 11일)

오래전 중동지방에서는 소가 밭을 갈 때 우리나라와는 달리 흥미로운 모습을 볼 수 있다. 멍에는 어미 소의 목에다 걸고 새끼 소는 그 멍에의 속에 목을 넣게 하고 끌고 간다. 어미 소는 혼자 목에 멍에를 맸기 때문에 힘들게 밭을 갈 수밖에 없다.

하지만 그런 어미 소 옆에 있는 새끼 소는 힘들이지 않고 그냥 따라가기만 하면 된다. 새끼 소는 어떻게 생각을 했을까요? '멍에라는 것이 이렇게 쉽고 가벼운데 엄마는 괜히 땀만 흘리네.' 그리고 다른 사람들 보기에도 새끼 소가 어미 소와 함께 무거운 멍에를 메고 가는 것처럼 보인다.

그런데 사실은 어미 소 혼자 멍에를 메고 새끼 소는 그냥 따라가기만 하는 것인데….

이와 마찬가지로 예수님은 우리가 메고 가야 할 멍에를 대신 메고 앞에서 말한 새끼 송아지처럼 따라오기만 하라는 것이다. 성경 마태복음 11장 29절 나는 마음이 온유하고 겸손하니 나의 멍에를 메고 내게 배우라 그리하면 너희 마음이 쉼을 얻으리니….

그렇다. 우리의 죄 때문에 죄악의 멍에를 대신 지고 십자가를 지고 죽기까지 골고다 언덕길을 걸어가신 주님은 믿고 따라오기만 하면 모든 고통스러운 멍에까지도 가볍게 해 주겠다, 마음까지 쉬도록 해 주겠다, 지금도 하늘에 계신 주님은 말씀하고 계신다.

더 많은 나라와 민족이 예수그리스도를 주로 믿고 선교 도시가 되기를 기원해 본다.

7. 새끼 제비의 후회 (2월 18일)

가을바람이 불어오기 시작하자 제비 식구들은 짐을 챙기기 시작했다. 겨울이 오기 전에 남쪽을 향해 떠나야 했기 때문이다. 떠나기 전날 가족들은 많은 음식을 차려놓고 파티를 열었다. 그것은 머나먼 긴 여행을 하기 위해서 힘을 축적하기 위한 행사였다.

아침이 밝자 하나둘 날갯짓을 하며 떠날 준비를 마쳤을 때 새끼 제비 한 마리가 뒤따라 나오며 말했다. "먼저들 가세요, 저는 남은 음식을 조금만 더 먹고 갈게요." 모두들 함께 가자고 설득했으나 새끼 제비는 막무가내였다. 할 수 없이 다른 식구들 먼저 남으로 길을 떠났다.

혼자 남은 새끼 제비는 그 많은 음식들이 자기 차지가 되자 신이 났다. 저녁이 되자 배불리 먹고 난 제비는 내일 아침 일찍이 떠나야겠다 마음먹고 잠이 들었다. 그런데 아침이 되자 또 마음이 변해 버렸다.

그러기를 하루 이틀 사흘….

드디어 추운 겨울바람이 성큼 불어오기 시작했다. 늦잠에서 깨어난 제비 새끼는 몸을 움츠리며 할 수 없지, 뒤늦게나마 주섬주섬 자기 짐을 챙겼다.

그리고 날갯짓을 했는데 어서 빨리 남으로 가기 위해서였다.

그런데 이게 웬일인가? 아무리 해도 날 수가 없었다. 너무 많이 먹은 탓에 몸을 주체할 수 없게 된 것이다.

제비는 눈물을 흘리며 중얼거렸다.

내가 왜 그때 아빠 말을 듣지 않았을까? 아빠 엄마, 나는 이제 어떻게 해야 하죠?

8. 극히 값진 보석 (2월 25일)

로이 엥겔이라는 사람이 국립 박물관에 전시되어 있는 '희망의 다이아몬드'를 구경하게 되었다. 세계에서 가장 아름다운 푸른 다이아몬드의 형언할 수 없는 광채는 그 옆에 전시되어 있는 다른 보석과 비교가 안 될 정도였다.

그는 한참 동안 넋을 잃고 그 다이아몬드를 바라보다가 안내원에게 물어보았다.

"이거 얼마나 할까요?" 그러자 안내원은 자랑스러운 듯이 "이 다이아몬드 값어치는 돈으로 환산할 수가 없습니다. 과연 이 세상의 어떠한 것으로 이 놀라운 보석의 값어치를 정할 수 있겠습니까? 절대 그럴 수가 없지요. 그리고 이 다이아몬드의 귀함을 알고 이것을 사려고 하는 사람들은 당신 말고도 많이 있었습니다. 그러고 보니 당신도 이 보석의 귀중함을 잘 아시는 분 같군요. 이 보석은 이 세상 어느 것과도 비교할 수 없는 아주 값진 것입니다."

이 다이아몬드 보석의 가치는 대단할진대 하물며 천국의 소중함과 그 값어치는 이 세상에 존재하는 그 무엇과도 비교할 수 없는 십자가의 구속적인 하나님의 사랑과 바꿀 수 있겠는가?

9. 생명력을 잃지 말라 (3월 3일)

미국의 서해안에서 잡히는 물고기를 동부의 수족관으로 옮기는 한 청년이 있었다. 트럭을 이용해 2주일이나 걸리는 운반으로 어항을 물고기가 살고 있는 서해의 환경조건에 맞도록 옮겼는데도 목적지에 도착하고 보니 살이 있는 물고기가 하나도 없었다. 그는 물고기가 왜 죽었을까? 곰곰이 생각해 보았다. 그래! 생존경쟁이지! 바다에 살 때는 서로 잡아먹고 먹히는 경쟁이 도사리고 있었지만 편안한 어항 속에서 과잉보호를 받다 보니까 안일함으로 죽은 것이다. 원인을 파악하여 보았다.

원인을 파악한 그 청년이 두 번째 운반할 때 어항 속에 커다란 낙지 한 마리를 넣어 보았다. 낙지가 다리를 뻗어 고기를 잡으려 하면 그들은 위험을 피해 이리저리 탄력 있게 헤엄쳐 다녔다. 과연 예상대로 2주일이 지난 후에도 물고기들은 힘차게 지느러미를 움직이고 있는 것이다. 생명력이 있는 것이다. 그리스도인은 길과 진리와 생명 되시는 예수님을 믿어야 산다.

10. 닭과 독수리의 혼동 (3월 10일)

어느 날 우연찮게 독수리 알 하나가 닭장 안에 들어오게 되었다. 이것을 모르는 어미 닭은 자신이 낳은 알과 독수리 알까지 품었다. 그리고 얼마 후 독수리 알과 달걀이 부화된 후에도 새끼 독수리는 닭장에서 병아리와 함께 자라게 되었다. 그래서 새끼 독수리는 병아리들처럼 땅을 긁고 꼬끼오 비슷한 소리를 내며 날개를 퍼덕이며 닭처럼 행동했다.

그렇게 세월이 지난 어느 날 닭장 안에 있던 그 독수리는 날개를 쭉 펴고 하늘을 나는 큰 새를 보게 된다. 그 장엄한 자태에 감동한 독수리는 옆에 있는 동료 닭에게 물었다. "어, 저분이 누구니? 정말 굉장하다. 나도 저렇게 된다면 좋았을 텐데." "저분은 새의 왕인 독수리야, 너 엉뚱한 생각을 하고 있구나. 너와 나는 닭이야, 우리는 저분처럼 날 수 없어. 우리의 신분을 잊지 말라고." 그 독수리는 동료 닭의 말에 고개를 끄덕일 뿐 저 창공을 나는 새의 왕 독수리와 닮았다는 사실을 몰랐던 것이다.

결국 그 독수리는 자신이 한 마리의 닭이라고 생각하며 그렇게 살다가 죽었다. 바로 자신이 새의 왕인 독수리인 것을 깨닫지 못하고 혼동하고 있었다.

갈수록 혼잡하고 혼동을 일으키는 사람이 되어서는 안 된다.

11. 가장 값비싼 십자가 (3월 17일)

D. L. 무디가 탄광의 책임자에게 복음을 전할 때 일이다. 복음을 전한 무디는 마지막으로 책임자에게 "믿기만 하면 됩니다." 결신을 촉구

했다. 그러자 그가 한 말은 "너무 싸군요, 그런 사실을 누가 믿겠어요?" 반론을 제기합니다. 무디는 "믿기만 하면 된다니까요." 말했다.

이어서 "당신 오늘 갱 속 깊이까지 내려가셨죠." 다시 되물었다. "승강기 단추를 누르면 저절로 승강기가 내려가고 올라오고 해요. 그래서 수백 피트나 되지만 승강기를 설치해서 쉽게 내려가고 올라오기도 쉬워졌지요." "그러면 당신은 그것밖에 한 일이 없습니까?" 무디는 다시 질문을 했다. 책임자의 답변은 "물론이죠, 석탄회사에서 이미 수많은 돈을 들여 갱을 깊이 파고 승강기를 설치했기 때문에 저는 그저 단추를 누르고 있어요." 말합니다.

무디가 뭐라고 말했겠어요? "바로 그겁니다. 구원은 말할 수 없는 우리가 갚아야 할 환산할 수 없는 죗값을 독생자 예수께서 십자가에서 피 흘려 죽으시고 대신 갚아 주셨습니다." 그러면 당신이 치러야 할 아무것도 필요 없다. 믿기만 하면 공짜로 하나님 나라에 들어가는데 그것은 하나님의 선물이라고 했다.

그렇다, 그것은 골고다 언덕에서 온 인류의 구원을 위해서 피 흘려 죽으신 주님을 믿기만 하면 천국 문은 열려 있는 것이다. 그러나 하늘에 계신 주님께서 다시 오실 것까지 분명히 믿어야 한다. 심판 날을 바라보며…

12. 말씀에 순종한 핸리 리차드 (3월 24일)

아프리카 선교사로 파송된 핸리 리차드(Henry Richard)는 원주민들에게 성경을 가르치며 선교를 하였다. 먼저 누가복음을 택하여 매일 일정

한 분량을 원주민들에게 번역하여 읽어 주고 그 뜻을 알려 주었다.

그러던 어느 날 6장 30절 '네게 구하는 자에게 주며 네 것을 가져가는 자에게 다시 달라 하지 말며' 이 말씀을 가르쳤다가는 원주민들이 자기 것을 달라고 할 것이 분명했다. 이런 생각이 들자 선교사는 그 부분을 뛰어넘고 말았다. 그 후 며칠 동안 선교사는 자기 것을 잃지 않으려고 하나님의 말씀을 소홀히 한 죄책감으로 다시 6장 30절 말씀으로 돌아와 그 말씀을 가르쳤다.

아니나 다를까 평소 선교사와 반감을 갖고 있던 원주민들은 그를 괴롭히기 위해서 선교사 집으로 몰려들어 그가 가지고 있던 모든 것을 달라고 하였다.

이에 선교사는 흔쾌히 자기의 생활용품을 비롯하여 옷가지 등을 나누어 주었다. 그러나 선교사의 물건을 가져간 원주민들은 그날 저녁에 그의 물건들을 되돌려주며 이렇게 말했다.

"이제야말로 당신이 하나님의 사람인 줄 알았소. 당신의 말씀대로 따르리다."

그는 말씀에 순종하여 자기 것을 아끼지 않은 결과 원주민들의 마음에 감동을 주었고 그 영혼들을 그리스도께로 인도하는 놀라운 은혜가 있었다.

오늘날도 그런 사람과 그렇지 않은 사람들의 두 부류 가운데 전자는 분명한 하나님의 받은 은사지만 그 선교사와 같은 삶을 사는 사람들이 되었으면….

13. 그때가 언제입니까? (3월 31일)

파나마운하 건설이 시작되어 공사를 맡은 건설부서의 담당 책임자는 지리적 여건과 날씨의 변화 등으로 인해 수많은 사람들의 비난 속에 큰 어려움과 곤란을 겪게 되었다. 그들은 그러한 큰일을 시작한 것 자체가 모험으로 운하는 결코 건설될 수 없을 것이라고 떠들어대며 비난하기도 하였다.

그러자 부하 직원들이 물었다.

"이런 소리를 듣고도 가만히 있을 겁니까?"

그러자 그 공사를 맡은 책임자는 "때가 되면 다 풀리게 되어 있지." 라고 말할 뿐이었다. 그러면 "그때가 언제입니까?" 부하직원의 물음에 뭐라고 대답했을까요? 그 책임자는 "운하가 완성된 후!"라고 웃으며 말했다.

이렇게 끝까지 밀고 나가는 뚝심이 오늘날 파나마운하의 뱃길을 터서 수많은 나라가 효과를 보고 있다. 우리는 예수님께서 오실 그날과 시는 모르지만 분명히 주님께서 말씀하신 대로 이루어질 것이다.

14. 손안에 잡힌 보석 (4월 7일)

어느 날 큰 보석상을 차린 친구의 초대를 받아 그 사업장을 찾아간 사람이 있었다. 보석상을 하는 친구의 소개로 여기저기 화려하고 값어치가 나가는 보석을 구경하는데 그의 눈에 들어오는 보석 하나가 있었다. 보석이라고 보기에는 광택도 별로 나지 않고 빛도 별로 나지 않는 것처럼 보였다.

"자네 저것은 빛도 없고 결코 아름답지도 않은 것 같은데 어떻게 된 거지?"

보석상을 하는 친구는 그의 말을 듣고 그 보석을 쟁반에서 꺼내어 자기 손으로 꽉 쥐며 친구에게 물었다. "이래도 말인가?" 그런데 조금 전까지만 해도 아무런 광채가 나지 않던 그 돌이 보석상을 하는 주인의 손에 들어와 쥐었다 펼치니까 무지갯빛 광채를 내뿜으며 영롱하게 빛나는 것이 아닌가?

의심이 생겨 또다시 물어본다. "아니, 자네 이거 어떻게 한 거 아니야?" 놀라워 묻는 그에게 보석상 친구는 웃으며 이렇게 말했다.

"이 보석은 오팔(Opal)이라는 것인데 이 보석이 놀라운 아름다움을 내뿜기 위해서는 단지 사람의 손에 꼭 잡혀 있어야 한다네."

그 말을 듣고 그는 그 뜻이 무엇인가를 깨닫고 나 같은 존재도 일곱 빛깔 무지개를 창조하신 하나님의 위대하심을 믿고 주님의 손안에 붙잡힌 바 되어야겠다고 생각하고 변화되어 빛 된 삶을 살게 되었다.

15. 나에게 총을 쏘라 (4월 14일)

헨리워드 비처 목사가 인디애나폴리스에서 교역할 때 일이다. 어느 주일날 교회 다니면서도 여전히 술 취하고 노름을 일삼는 교인들을 깨우치기 위해 그들의 죄악 된 생활을 강하게 지적하며 돌이켜야 된다고 강하게 설교했다. 이 설교를 듣고 많은 사람들이 회개하며 돌이키게 되었다.

그러자 장사가 안 된다는 이유로 어느 술집 주인이 찾아와 목사의 목에 총을 들이대며 이렇게 외쳤다. "너는 이번 주일부터 설교를 중지하라! 그렇게 못 하겠다면 난 너를 쏘아 죽여 버리겠다."

그러자 목사는 단 한 점의 흐트러짐도 없이 그 사람을 똑바로 쳐다보며 "쏘아라, 난 당연히 해야 할 말을 했을 뿐이며 앞으로도 계속 그렇게 가르칠 것이다." 당당하게 대답했다.

우리나라도 술 먹고 노름만을 일삼던 그런 때는 지났지만 여전히 인터넷이나 기타 매체를 통하여 술뿐 아니라 마약 등으로 범죄를 저질러서는 안 된다.

말씀을 가르치는 자나 듣는 자나 오직 진리는 예수님이시다.

오직 하나님 말씀으로 성령 받아 새롭게 개혁되기를….

16. 정비사와 만든 자 (4월 21일)

자동차 정비를 잘하는 한 청년이 낡은 자동차를 사서 새 차처럼 만들어 사용하였다. 그리고 그는 먼 장거리 여행을 떠나게 되었는데 도중에 엔진이 털털거리더니 차가 멈춰 버리고 말았다. 그 청년은 차를 세워 놓고 이리저리 살펴보고 있었다.

그런데 그때 그 옆을 지나가던 차가 멈춰서면서 노인 한 분이 내리더니 그 정비사 옆에서 엔진을 함께 들여다보는 것이었다. 젊은 정비사인 그 청년은 노인에게 "문제없으니 먼저 가세요, 저는 정비사거든요." 자신만만해하면서 이곳저곳을 만져 보았으나 허사였다. 마침내 그 옆에 있던 노인이 말합니다.

"젊은이, 내가 좀 도와주지" 하면서 손가락으로 엔진의 한 부분을 탁친 후 "자, 시동을 한번 걸어 보게."

청년은 미심쩍은 얼굴을 하면서도 시동을 걸었는데 신기하게도 시동이 걸리는 것이 아닌가? 깜짝 놀란 그 청년이 노인에게 물었다.

"고맙습니다. 그런데 할아버지께서는 어떻게 잘 고치십니까?" 그 노인이 대답했다. "나는 이 자동차를 만든 헨리 포드야!"

아무리 유능한 정비사라고 해도 그 차를 만든 자에게 비길 수 있겠습니까?

하물며 우리 인간뿐만 아니라 눈에 보이는 모든 것들과 안 보이는 것까지 만드신 창조주 하나님과 무엇으로 비교할 수 있겠는가?

17. 성층권 하늘 (4월 28일)

스위스의 물리학자 오귀스트 피카르(Auguste Piccard)는 내셔널지오그래픽이란 잡지에 자신이 성층권을 비행했던 사실에 대해서 다음과 같이 말하였다. "그곳에는 언제나 태양이 빛나고 있었고 시야를 가리는 먼지들을 찾아볼 수 없는 맑은 곳이었다. 지구 표면에서 아무리 폭풍이 휘몰아친다고 해도 그곳은 영원하고 완전하게 고요한 채로 존재할 뿐이다."

이어서 피카르 교수는 다음과 같은 예를 들어 설명하였다.

어느 날 한 여행자가 뉴욕에서 파리까지 가는 비행기를 타게 되었다. 그날따라 비가 아주 세차게 오기 시작하여 어쩌면 하늘이 무너질 것 같은 날이었다. 비행기가 출발하려고 하자 이 여행자는 두려움과 불안한 마음으로 승무원에게 물었다.

"이런 날씨에 비행기가 제대로 운행을 할 수 있나요?"

승무원은 안심하라는 듯이 웃으며 말했다. "물론이지요, 조금 있으면 폭풍우를 뚫고 올라 가게 될 성층권은 이곳과는 달리 언제나 맑고 고요하거든요."

우리는 여기에서 무엇을 생각할 수 있는가? 지구 표면에 아무리 폭풍과 비바람이 몰아쳐도 성층권은 언제나 맑고 고요한 것처럼 우리들은 예수님을 주로 믿고 성령님이 함께 계셔 고요와 평안을 누려야 할 것이다.

18. 예수님을 닮은 새 얼굴 (5월 5일)

제1차 세계대전에 참전한 군인이 있었는데 그는 하나님을 진실하게 믿는 기독교인이었다. 그런데 전쟁이 끝날 무렵 안타깝게도 얼굴에 큰 부상을 입게 되었다. 여러 날을 치료하여 생명은 구했으나 상처가 말이 아니어서 볼 수가 없었다. 거울에 비친 자신의 모습을 볼 때 죽고 싶은 심정뿐이었다.

이 사실을 알게 된 정형외과 의사가 그를 찾아와 얼굴을 성형수술 해주겠다고 하니까 그 군인은 기꺼이 승낙했다.

의사는 부상을 당하기 전 사진을 한 장 달라고 했다. 그러자 그는 "의사 선생님, 이왕에 수술하게 되면 옛날 제 얼굴 모습이 아닌 저 벽에 걸려 있는 저 얼굴로 하면 어떻겠어요? 저 얼굴 말입니다."

벽에 걸려 있는 예수그리스도의 성화를 가리켰다.

이 말대로 그 외과의사는 성화 속의 예수님의 얼굴을 모델로 성형수술을 하기 시작했다. 여러 달 동안 고생스러운 수술 끝에 회복되어 붕대를 풀기 시작했다. 그 군인은 떨리는 마음으로 거울을 들여다보았다.

아! 완전히 새로운 얼굴, 놀랍게도 벽에 있는 그 사진과 같은 모습이 아닌가? 그는 자신의 얼굴을 오래 쳐다보고 있다가 의사에게 "이제 예수님의 얼굴을 이토록 닮았으니 제가 할 일은 오직 예수님처럼 남을 위해 헌신하며 복음을 전하는 것뿐입니다."라고 다짐하며 주님의 발자취를 따라가는 삶을 살았다.

우리들도 예수님이 말씀하신 어린아이가 되어야 할까?

19. 하나님을 위한 얼굴 화장 (5월 12일)

고대의 한 교부가 거리에 나갔다가 여인들이 정성을 다하여 몸을 단장하고 머리를 꾸미고 얼굴을 치장하여 화사하게 단장하고 다니는 것을 보고 가슴을 치며 이렇게 외쳤다고 한다.

"저 여인들은 사람에게 잘 보이려고 저토록 정성을 다해 아름답게 몸단장을 하는데 나는 더 크고 영광스러운 하나님을 섬긴다고 하면서도 내 영혼을 믿음과 경건으로 치장하는 데 최선을 다하지 못했으니 이 얼마나 부끄럽기 한이 없는 일인가?"

그렇다, 우리에게도 그런 부끄러움이 있지 않은가?

세상 사람들은 눈에 보이는 것을 기쁘게 하기 위하여 외모를 단장하지만 성도들은 마땅히 중심을 보고 계시는 하나님께 꾸밈없이 화장보다는 단정한 치장을 해야 하지 않겠는가?

20. 천지 만물을 창조하신 하나님 (5월 19일)

유명한 천문학자 키르히네르에게는 하나님을 불신하는 과학자 친구가 있었다. 어느 날 키르히네르를 방문한 이 친구는 책상 위에 세워 둔 태양계의 운행 모형을 매우 칭찬하며 누구의 작품이냐고 물었다.

키르히네르는 이렇게 대답했다. "아무도 그것을 만들지 않았네, 그것은 저절로 만들어져 있는 걸세." 그러자, "아니 자네 나하고 농담하자는 건가?"

"나의 진지한 이야기를 농담으로만 들으려 하니 이상한 것은 오히려 자네가 아닌가? 자네는 이 조그마한 모형이 저절로 만들어졌다는 것을 믿지 못하면서 실제로 존재하는 태양과 별과 달과 그리고 광대한 저 우주를 창조주 없이 저절로 생긴 것으로 믿고 있으니 말이야."

그의 말을 들은 친구는 깊은 생각에 잠겼다.

그리고 결국 천지 만물을 만드시고 만물의 위에 계셔서 통치하고 계시는 하나님을 인정하게 만들었다.

우리는 어떠한가? 천지 만물을 만드신 하나님이 주시는 의, 식, 주를 사용하고 있으면서 불신하고 있으니….

성경 창세기 1장 1절에 태초에 하나님이 천지를 창조하시니라, 여기서부터 믿고 신약성경 마태복음 1장 1절 아브라함과 다윗의 자손 예수 그리스도의 계보라, 요한계시록 22장 21절 주 예수의 은혜가 모든 자들에게 있을 지어다, 아멘. 성경 전체의 방대한 사건들과 앞으로 발생할 모든 일들을 분명하고 확실하게 믿어야 한다.

21. 윌리엄 부스의 삶 (5월 26일)

구세군의 창시자 부스(W. Booth)는 그리스도인이 지녀야 할 삶의 목표에 관해서 10가지 지침을 정하고 지키라고 하였다. 요약하면 다음과 같다.

1) 자신의 몸을 성령의 전으로 삼고 존경받도록 주의하라.
2) 다른 사람의 좋은 점을 발견하여 자신도 적극적으로 생각하라.
3) 매일매일 성경을 읽고 기도하는 시간을 가져라.
4) 자신이 나가는 교회를 잘 섬기고 교우들과 교제를 나누라.
5) 하나님의 살아계심을 기억하여 마음 문을 열고 성령께서 계시도록 하라.
6) 자신의 삶 전반적인 곳까지 주님을 모시고 문제를 하나님께 맡겨라.
7) 국가의 수반과 각 분야의 지도자들을 위해서 기도하라.
8) 측량할 수 없는 하나님의 은혜에 늘 감사하는 마음을 가지라.
9) 열심으로 일하고 자아를 버리고 삶 속에서 열심히 기도하라. 무디.
10) 죽음도 두렵지 않다는 각오와 경험을 토대로 고립되지 않도록 하라.

위의 열 가지 하나님을 믿는 성도로 그리스도인이라는 칭함에 성경 전반에 걸쳐 하나님께서 보시기에 합당한 열매를 맺는 성도로 신앙의 후퇴가 아닌 전진이 필요한 시기가 아닌가 싶다.

22. 위인들의 경건한 삶 (6월 2일)

하나님의 일꾼으로 부름 받아 위대하고 경건하고 성결한 삶을 살았던 믿음의 선진들의 투철한 신앙을 지닌 비결이 어디에 있었는지 살펴본다.

오늘 이 세대를 살아가면서 그들과 같이 의롭고 진실한 삶을 살 수 있었던 방법이 과연 어디에 있었을까요?

웨슬리, 휫필드, 루터, 하이드…, 그 외에도 이루 헤아릴 수 없는 믿음의 거성들, 그들이 주님으로부터 크게 쓰임을 받게 된 비결은 바로 이것이었다.

'이른 아침을 주님과 함께 기도로 출발을….'

초창기에 우리나라도 기독교가 전래되자 새벽에 깨어 기도하는 교회가 대부분이었으나 여러 가지 사회 여건상 사건 사고도 발생하고 직업의 특수성 때문에 현대 교회는 가정에서 이른 아침 6시부터 잠시 기도하고 성경을 묵상하는 등 기도와 말씀의 병합으로 변화되어 가고 있다.

믿음의 선진들을 본받아 깨어 기도하는 성도, 하나님이 기뻐하는 그리스도인의 모습을 되찾고 성령의 사람들로 변화되기 위한 거룩한 신앙공동체의 모습을 되찾을 수 있기를 기도한다.

23. 이마누엘 칸트의 아버지(6월 9일)

순수이성비판으로 유명한 독일의 철학자 칸트(Immanuel Kant)의 아버지가 독일을 떠나 고향인 폴란드로 가던 길에 깊은 숲속에서 강도를 만났다. 강도는 그가 타고 있는 말과 값나가는 물건을 모두 빼앗고 하는 말이 "당신이 가지고 있는 물건이 이것뿐이냐?" 물었다. 정직하고 경건한 칸트의 아버지는 "아니오, 여기 내 옷 속에 감추어둔 금덩어리가 있소, 이것이 전부요." 말하며 옷 속에 꿰매어 둔 금덩이를 내주었다.

그러나 강도 중의 한 사람이 물었다. "아니 다른 사람들은 어떻게든 안 주려고 야단인데 너는 어떻게 된 일이냐?" 그때 칸트 아버지는 "나는 당신들이 다 내 것을 가지고 이번 일을 끝으로 여기서 손을 떼고 회개하며 하나님의 축복을 받기를 원하오."

이 말을 들은 강도들은 서로 슬금슬금 눈치를 보더니 한 강도가 자기가 뺏은 지갑을 도로 내놓으며 "예, 나는 당신 말대로 하겠어요." 말하자 하나둘 자기가 빼앗은 물건들을 내놓으며 칸트의 아버지에게 자기들을 위해 기도해 주기를 요청하며 무사하게 숲길을 통과하도록 해 주었다고 한다.

참으로 하나님은 정직하고 진실하고 하나님의 뜻대로 살려고 하는 자의 길을 보호해 주시는 방패인 것이다.

24. 오직 승리는 (6월 16일)

'내 사전에 불가능은 없다' 호언장담하며 세계를 정복하려는 야욕을 품고 침략을 일삼았던 나폴레옹! 그는 러시아를 빼앗으려다가 실패하고 워털루 전쟁에서 패배한 후 조그마한 섬으로 유배되어 그곳에서 일생을 마쳤다.

그러나 유배지에서 일생을 마치면서 한 말이 있다.

"그리스도는 세상에서 패한 것같이 보였지만 실상은 승리하여 그의 왕국은 날로 왕성하고 세상에서 내가 승리한 것처럼 보였으나 이제 내가 도리어 패배자임을 알았다."

침략을 일삼았던 그는 고백하며 쓸쓸히 죽어갔다. 세상 사람들은 승리한 것처럼 보이지만 그것은 참으로 승리가 아니며 오직 승리는 우리 주 예수 그리스도를 믿고 저 멀리 뵈는 천국에 소망을 두고 신앙의 전진이 무엇보다도 중요하지 않은가? 생각해 본다.

25. 배가 고플까? 그랬어요 (6월 23일)

어린 소년이 밤중에 다급하게 병원에 실려 왔다. 진찰한 결과는 맹장염이었다. 그다지 심한 상태는 아니었지만 먼저 온 응급환자가 절박한 상태였기 때문에 다음 날 수술하기로 하였다. 의사는 다음 날이 되자 그 소년에게 음식을 먹이지 말라고 당부를 하였다.

이튿날 아침 수술실에 들어가기에 앞서 소년의 부모에게 음식을 먹였는지에 관해서 물어봤다. 소년의 부모는 의사의 지시대로 아무것도 먹이지 않았다고 대답하자 의사는 믿고 수술을 하였다. 수술을 다 마치고 소년은 입원실로 옮겨졌다. 시간이 지나면서 소년은 마취에서 깨어나기 시작했는데 갑자기 밥알을 토해 내면서 숨을 가쁘게 쉬는 것이었다.

이에 깜짝 놀란 의사는 소년의 상태를 서둘러 진단한 결과 기관지에 밥알이 발견되었고 이 밥알로 인해 호흡장애를 일으킨 것이다. 그러나 이 소년은 마취에서 완전히 깨어나지 않은 상태였기 때문에 밥알들을 토해 내지 못했다. 결국 안타깝게도 소년은 숨이 막혀 죽고 말았다.

"아니 왜 거짓말을 했습니까? 수술 전에는 절대 아무것도 먹이지 말라고 신신당부를 했는데…."

그 부모는 "누가 이럴 줄 알았나요? 우리 애가 배가 고플까 싶어 밥을 준 것이 그만…." 그 어린 소년의 부모는 의사의 말을 경시한 결과 뜻하지 않게 자식을 죽이는 결과를 초래하게 되었다.

이렇듯 우리는 하나님의 말씀을 경홀히 여기고 마음대로 해석하고 판단한다면 그 결과는 어떻게 되겠는가?

26. 성경의 영향력 (6월 30일)

토마스 페인은 불신자로 어느 날 뉴욕의 한 술집에서 성경과 기독교가 얼마나 세상에 영향을 끼쳤는가? 열변을 토하고 있었다. 그가 잠시 말을 멈춘 사이에 한 기독교인이 입을 열었다. "페인 씨, 당신은 스코틀랜드 사람들이 자녀가 집을 떠날 때 어머니는 자녀의 가방을 챙기면서 항상 성경을 옷가지의 맨 위에 올려놓는다는 사실을 알 것입니다."

페인이 수긍을 하자 기독교인이 말을 계속하였다. "당신의 말대로 성경이 나쁜 책이라면 그것을 읽는 사람들이 가장 못된 사람들이어야 할 것 아니요, 그러나 사실은 그와 정반대요. 교도소, 소년원, 수용소는 무지나 불신앙으로 하나님의 말씀인 성경을 거부하고 그 규례대로 살지 않았던 사람들로 가득 차 있지 않습니까?"

작가이며 사상가였던 그는 인본적이며 이성주의로 사람들의 마음을 움직여 정치적 사회적으로 동요하게 하여 개혁에 힘썼지만 그것보다는 성경 우월주의, 하나님 제일주의로 하늘에 계신 하나님이 말씀하신 것을 사람들이 받아 쓴 성경만이 사람들의 심령을 성령으로 감화시킨다는 사실을 믿어야 할 것이다. 주님 다시 오실 그날까지….

27. 개 덕분에 산다? (7월 7일)

아주 부자인 권사님 한 분이 있었다.

이 권사님은 사나운 개들을 온 사방에 매어 놓고 살았다. 그 이유는 도둑이 들어오지 못하도록 하기 위해서 그런다는 것이다. 그러던 어느 날 낯선 사람이 지나가기만 해도 개들이 짖어대는 바람에 온 동네가 어찌나 시끄럽고 소란스러워 이웃에 사는 사람들이 모두 불만이었다.

하루는 목사님이 그 문제로 말을 건넸다. "권사님, 개는 한두 마리만 기르도록 하시지요." "목사님, 안 됩니다. 저는 개를 믿고 사는 걸요. 개가 이 집을 안 지키면 이 모든 재산을 어떻게 지키라고 그러세요? 개가 없으면 저는 무서워서 못 살아요. 지금 있는 여섯 마리가 모두 사나운 개라 마음이 든든해요. 저는 개 덕분에 살아요."

"권사님, 개 덕분에 살다니요? 우리는 하나님 덕분에 살아야지요."

"목사님, 세상에서는 하나님이 눈에 안 보이지 않아요? 그러니 하나님 덕은 나중에 천당에 갔을 때 보는 것이고, 지금은 개의 덕을 보면서 살 수밖에 없지 않습니까?"

우리도 이 부자 권사님과 같은 모습으로 하나님을 섬기고 있는 것은 아닌지? 한번 돌이켜 생각해 볼 일이다.

28. 왜 너를 돕지 않지? (7월 14일)

스툰디스트라는 투철한 러시아인이 단지 기독교인이라는 이유로 시베리아의 어느 감옥에 갇히게 되었다. 함께 수감되어 있는 다른 죄수들이 그가 기독교인이라는 사실을 알자 그를 비웃고 조롱하기 시작했다.

"만약 너의 말과 같이 하나님이 계신다면 어찌하여 너를 돕지 않지? 하나님이 마땅히 너의 수감을 풀어주고 자유롭게 해 주어야 되는 것이 아닌가? 옥에 갇혀도 돕지 않는 그런 신을 믿어서 무엇 하느냐?" 그는 핍박을 받았다. 그들의 비웃음과 냉소 속에 날이 갈수록 스툰디스트의 마음을 아프게 했다.

그러나 그는 이러한 조롱 소리가 커질수록 차분한 음성으로 대답했다.

"하나님은 능히 지금 당장이라도 내 손의 수갑을 풀고 나를 자유롭게 하실 수 있는 분이다. 그러나 너희는 지금 내가 감옥에 있을지라도 내 마음을 자유케 하신 하나님을 보아라, 그분이 주신 이 자유는 아무도 빼앗지 못할 것이다."

스툰디스트는 주위의 비웃음과 조롱에도 불구하고 하나님께서 자기를 돕고 계시는 분임을 확신했던 것이다.

그는 하나님을 믿는다는 이유만으로 참기 어려운 모욕감과 굴욕 속에서도 믿음을 저버리지 않았던 그런 상황에 처해 있다면 우리의 신앙은 어떠했을까? 예수님께서는 우리의 죄 때문에 십자가를 지고 멸시와 조롱과 수욕을 당하셨는데….

29. 슈만의 아내 (7월 21일)

훌륭한 사람들 뒤에는 아내의 내조가 숨어 있는 경우가 많다. 독일의 작곡가 슈만(Schumann)의 경우를 보면 후대에 잊히지 않는 음악가가 되기까지 숨은 내조의 역할이 중요함을 볼 수 있다. 그는 당시 자신의 피

아노 교사였던 비크의 딸 클라라와 무려 5년간의 열애 끝에 결혼하였다. 그의 결혼생활은 매우 행복하였으며 클라라는 슈만이 실의에 빠지지 않도록 늘 격려하였고 그로 하여금 악상이 떠오르도록 용솟음치게 하였다. 이뿐만 아니라 여러 가지 의미에 있어서 그의 반려자의 역할을 하기도 하였다.

슈만의 작품 중 가곡 '시인의 사랑' 등 많은 교향곡과 실내악들을 살펴보면 결혼 후의 작품이다. 이처럼 그의 남편 슈만이 작품에 온 힘을 기울이도록 내조하였던 것이다.

오늘날 각종 사회악이 소용돌이치는 가운데 슈만의 아내처럼 남편을 분발케 하고 여기에 하나님을 향하여 플러스의 기도를 하는 세대가 되기를 희망한다.

30. 왕께로 갈 수 있는 길 (7월 28일)

어느 나라의 왕이 아주 훌륭하고 아름다운 궁궐을 새로 건축했다. 그 궁궐의 중앙에는 보좌가 있었고 그리로 통하는 길은 하나뿐이고 나머지 다른 길은 모두 미로와 같이 각 방향으로 뻗어 있었다. 공사가 다 끝나고 궁궐이 완성되자 잔치를 베풀고 백성들을 새로 지은 궁궐로 초대를 했다.

그러나 백성들은 궁궐 밖에 와서는 이리저리 나 있는 길을 보고 갈팡질팡하며 큰 소리를 내며 말했다. "어떻게 해야 왕께로 나아갈 수 있는지 아는 사람 없소?" 그러자 문 옆에 안쪽으로 기대서서 그들을 기다리고 있는 왕자가 말했다.

"바로 이 길입니다. 왕께서는 여러분들을 기다리고 계십니다. 그리고 이 길만이 왕께로 갈 수 있는 길입니다." 말했다.

지금은 왕 제도가 없는 현대에 살고 있는 우리들은 예수님께서 요한복음 14장 6절에 내가 곧 길이요 생명이니…, 예수는 천국 가는 길을 말씀하셨고, 신약성경 디모데전서 6장 15절 기약이 이르면 하나님이 그의 나타나심을 보이시리니 하나님은 복되시고 유일하신 주권자이시며 만왕의 왕이시며 만주의 주시오, 말씀하고 있음을 잊지 말아야 한다.

31. 나비야 빨리 자라라 (8월 4일)

한 아이가 아직 나비가 되지 않은 애벌레 고치를 주었다. 이 아이는 너무 신기해서 얼른 아버지에게 달려가 "아빠, 애벌레 고치는 언제 나비가 되죠?" 물었다. "따뜻한 기운을 받고 날개가 돋아나서 곧 아름다운 나비가 된단다." 아버지가 설명해 주었다.

이 말을 들은 아이는 어서 빨리 예쁜 나비를 보고 싶었다. 그래서 매일 고치에다 따뜻한 입김을 정성을 다해 불어 넣으면서 "나비야 나비야, 어서 빨리 자라라." 속삭이듯이 말했다. 그러던 어느 날 고치가 꿈틀거리기 시작하며 한 마리 나비가 나오는 듯했다. 다른 고치들보다 더 빠르게 나비가 되었다고 생각하고 "와 신난다, 내가 날마다 따뜻한 입김을 불어 넣었기 때문에 빨리 나비가 된 거야."

그러나 그 아이는 깜짝 놀랐다. 비록 나비의 형체이기는 한데 아무리 살펴봐도 나비는 아니었다. 병든 애벌레에게 날개가 달려 있는 그런 모양이었다. 나비는 날지 못하고 조금 후에 죽고 말았다. 그 아이가 아무리 정성을 기울였어도 그 고치에서 나비를 볼 수 없었던 것처럼 천지 만물을 창조하신 하나님께서 적절한 때와 장소에서 준비하셨다가 날아 다니게 하시고, 왜 나비가 있을까? 그 존재 목적이 있다는 것을 알아야 한다.

32. 손수건과 잉크 방울 (8월 11일)

한 화가가 고아원을 방문했다. 그런데 마침 이 화가가 도착해 보니 한 아이가 울고 있었다. 왜 우느냐고 이유를 물어보니까 작고 예쁜 손수 건 하나를 꺼내어 보여 주며 말했다.

"이 손수건은 우리 엄마가 내게 물려준 선물인데 그만 실수로 잉크 를 떨어뜨려 아무리 빨아도 지워지지 않아서 못 쓰게 됐어요." 그러자 그 화가는 그 손수건을 며칠만 빌려달라고 하였다.

울음을 그친 그 아이는 화가 아저씨에게 손수건을 주었고 며칠 후 소 포가 도착하였다. 그것을 열어 본 아이는 놀랐다. 화가 아저씨가 그 아 이의 잉크 방울이 떨어진 손수건에 더 멋진 무늬를 그려 넣어 보내 준 것이다.

이제 그 아이의 손수건은 예전보다 더 아름다워졌다.

마찬가지로 낙심하고 좌절하고 낭패한 사람들에게도 이 아이가 화가 의 도움으로 기쁨을 찾은 것처럼 이것과는 비교할 수 없는 예수그리스 도를 믿음으로 죄로 얼룩진 마음도 흰 눈과 같이 희게 하신 십자가 사 건을 기억해야 한다.

33. 지루한 인생 (8월 18일)

1804년 프랑스 나폴레옹 황제의 막냇동생이 미국을 여행하던 중 볼티모어에 사는 벳시 페터슨이란 여인을 알게 되었다. 그녀는 당시에 미국에서 가장 아름다운 여인으로 그녀의 미모와 매력은 유럽의 상류사회에까지 알려졌다. 사랑을 한 두 사람은 마침내 결혼을 했다.

벳시 페터슨은 당시 미국에서 아름다운 미모를 소유했을 뿐 아니라 이제는 프랑스 나폴레옹 황제 동생의 부인이 되었으니 얼마나 행복했을 것인가? 그러나 그녀의 미모와 천하의 명성과 재물이 그녀에게 진정한 행복을 느끼게 해 주지 못했다는 것을 그녀의 편지에서 알 수 있다. 이것은 벳시가 중년이 되었을 때 미국에 있는 그녀의 가장 절친한 친구에게 보낸 편지의 일부이다.

'나는 무료함과 지루함으로 죽을 지경이야, 책을 읽는 일에도 실증이 나고 시간을 보내는 일이 지겹기만 해, 운동도 나이도 많고 아무런 재미도 느끼지 못해. 사람들은 내가 아름답다고 칭찬을 해 주며 여러 가지 파티와 무도회에 초청을 해 주지만 그러한 모든 것들이 이제는 흥미가 없어졌고 시시할 뿐이야.'

부귀와 영화와 권세와 미모를 다 지녀도 이 세상에서 진정으로 참된 행복을 찾을 수 없는 삶의 모습의 단편을 보여 주고 있는 것이 아닌가?

예수님께서는 요한복음 5장 24절에 내가 진실로 진실로 너희에게 이르노니 내 말을 듣고 또 나 보내신 이를 믿는 자는 영생을 얻었고 심판에 이르지 아니하나니 사망에서 생명으로 옮겼느니라, 말씀하셨다.

믿음만이 천국과 참평안을 소유하는 즐거움이 있다는 사실을….

34. 신발 속의 모래 (8월 25일)

아주 먼 거리를 걸어서 사막을 횡단한 사람이 있었다. 신문 기자들이 찾아와 여행하는 데 가장 힘들고 고통스러운 일이 무엇이었습니까? 물어보았다. "뜨거운 태양 아래 물 한 방울도 없는 광야를 외롭게 혼자 걷는 것이었습니까?" "아닙니다." 그 사람이 대답합니다. "그러면 가파르고 험란한 길을 고생하며 올라가던 것이었습니까?" 그것도 아니라고 대답합니다. "그렇다면 발을 헛디뎌 진흙길로 빠졌던 때였습니까?" 그것도 아니라고 하자 "그러면 추운 밤이었나요?"

기자 중의 한 사람이 빨리 대답할 것을 요청하며 계속 물어보았다. 그러자 그 여행자는 말합니다. 그런 것들은 전혀 문제가 되지 않았습니다. 사실 나를 가장 괴롭게 하고 고통스럽게 만들었던 것은 내 신발 속에 들어 있는 조그만 모래들이었다고 말했다.

이와 같이 별 탈 없는 사소한 작은 일로부터 시작하여 어떠한 고통과 고난도 극복하며 성공할 수 있는 것은 끝까지 포기하지 않는 것이며 대수롭지 않은 것들이 우리를 괴롭힐 때가 있다. 십자가 고난을 극복하신 주님을 생각하며 삶 속에 찌르는 가시를 기도로 제거해야 할 것이다.

35. 더 아름다운 곳 (9월 1일)

어떤 청년이 장차 자기의 신부가 될 아름다운 여인에게 말했다.

"나는 당신을 위해서 집을 한 채 짓겠어요, 당신이 좋아하는 당신의 필요에 꼭 맞는 멋지고 아름다운 집을 지을 생각이에요. 집이 완성되면 당신에게 보여 주겠어요."

얼마 후 마침내 집이 완성되어 청년은 신부가 될 여인을 데리고 같이 구경하러 갔다. 예비신부는 기대와 흥분에 들뜬 마음으로 이 방 저 방을 살펴보고는 "어머나, 정말 아름다운 집이네요. 너무 아름답군요. 제가 기대했던 것보다 더 훌륭하고 참으로 아름다워요." 감탄을 거듭했다.

성경 히브리서 3장 4절에 집마다 지은 이가 있으니 만물을 지으신 이는 하나님이시라, 우리는 이 세상 집보다 더 아름다운 천국 집을 생각해 보며 이 세상에서 사는 동안에는 모래 위에 집을 지어서는 안 될 것이다.

36. 나와 우리 (9월 8일)

오랜 세월을 독신으로 지내다가 뒤늦게 결혼을 한 어떤 기독교인의 고백이다. 처음에는 약간의 좌절이 있었다. 나는 독신자가 누리는 독립성이라든가 개인적 비밀보장 등 여러 가지에 익숙해 있다가 결혼생활이 처음에는 견디기 어려운 것들도 있었다. 나는 항상 모든 것을 내 방, 내 스케줄, 내 돈 등과 같이 매사에 나를 중심으로 생각했었다.

그러나 지금은 우리의 방, 우리의 스케줄, 우리의 돈, 우리의 삶 등과 같이 우리 중심이 되었다. 이러한 사고방식에 익숙해지는 데 약간의 시간이 걸렸다.

그리고 몇 년이 지난 후 나는 그 새로운 방식에 익숙해 있기보다는 아예 의존해 버렸다. 모든 일을 아내와 함께 하며 '나'이기보다는 '우리'로서 아내 없는 생활은 상상도 할 수 없게 되었다. 나는 다시 혼자 살지 않을 것이며 모든 삶 전체를 그녀와 함께 살고자 한다.

이와 같이 그리스도인은 아내와 동고동락하며 합심 합력하여 선을 이루어 나가며 그보다 더 중요한 것은 주님을 모시고 주님과 함께 살며 주님과 동행하는 삶이 아니겠는가?

37. 어디로 가면 고래가 잡힐까? (9월 15일)

뉴잉글랜드 교회에 고래잡이배의 선장이 예배를 드리러 나왔다.

예배가 끝난 후 한 동료 교인이 그 선장에게 물었다.

"선장님, 오늘 예배는 어떠하였습니까?"

그랬더니 그 선장이 머리를 긁적이며 이렇게 대답했다.

"글쎄요, 저는 아무것도 느낀 것이 없네요. 요즘은 통 고래가 잡히지 않아서 찬송을 부르고 목사님의 설교를 하는 동안에도 어디로 가면 고래를 더 많이 잡을 수 있을까? 고민하고 있었거든요."

이처럼 우리도 때로는 하나님의 은혜를 모르고 형식적으로 예배를 드린다면 정말 하나님께서 기뻐하실까? 우리는 다른 생각에 사로잡혀 있을 때가 많다.

38. 당신입니다 (9월 22일)

한 청년이 밤늦게 연인의 집 문을 두드렸다. 그리고 안으로 들어갈 수 없느냐고 들여보내 줄 것을 요청했다. 처녀가 그에게 물었다. "당신은 누구신가요?" 그 청년은 대답했다. "나요(It is I)." 그러자 방 안에서 처녀가 말했다.

"이 방은 너무 좁아요, 한 사람밖에 들어올 수 없답니다. 돌아가세요!"실망한 그는 이 슬픔을 잊기 위해 세상을 떠돌아다녔다. 그는 처녀가 왜 거절했는지 그 이유를 알 수가 없었다. 한참을 떠돌아다니던 그 청년은 한 가지 생각이 났다.

또다시 어느 날 밤늦게 그는 다시 연인의 집 문을 두드렸다. "누구세요." 안에서 처녀가 묻자 청년은 대답했다. "당신입니다(It is You)." 그러자 문이 열렸고 그는 안으로 들어갔다. 사랑하는 사이에도 이처럼 그와 나의 구분은 불가능한 일로 성숙한 사랑의 모습인 것을….

마태복음 25장 열 처녀 비유에서 등과 기름을 준비한 슬기로운 다섯 처녀처럼 우리는 신랑 되신 예수님을 맞을 준비를 해야 할 것이다. 그러나 그 때는?

그 날과? 그 시는? 주님만이 알고 계신다.

39. 신학자와 국왕 (9월 29일)

그리스의 한 신학자가 부패한 관료들에게 회개를 촉구하다가 국왕의 미움을 받아 추방될 위기에 이르렀다. 국왕이 끝까지 신앙을 저버리지 않는 신학자에게 말했다. "이제 나는 너를 다른 나라로 추방하겠다."

"왕이여, 나를 이 나라로부터 내어쫓을 수는 있으나 그리스도께로부터 쫓아내지는 못할 것입니다." 그러면 "너의 재산을 모두 몰수하고 너를 처형하겠다." 왕이 말합니다. 신학자는 "그것도 안 될 것입니다. 비록 내 육신이 죽는다 해도 내 영혼은 그리스도 안에서 영원히 살 것이기 때문입니다."

"그래, 그렇다면 내가 마지막으로 너를 너의 사랑하는 친구로부터 멀어지게 하여 외롭고 쓸쓸하게 버림받은 처절한 사람이 되도록 만들겠다." 왕이 말하자 그는 뭐라고 대답했을까요?

그 신학자는 말하기를 "그것도 역시 안 될 말입니다. 나의 친구는 오직 그리스도뿐이며 내가 세상에서 외로우면 외로워질수록 나는 더욱 그분과 함께 있을 테니까요." 결국 어떻게 되었을까요?

국왕은 그를 마음대로 어떻게 할 수 없었고 그를 놓아 주었다. 그러면 우리는 이 세상에서 어떻게 살아야 할까요? 로마서 12장 2절 너희는 이 세대를 본받지 말고 오직 마음을 새롭게 함으로 변화를 받아 하나님의 선하시고 기뻐하시고 온전하신 뜻이 무엇인지 분별하도록 하라는 말씀을 되새겨야 할 것이다.

40. 딱따구리의 착각 (10월 6일)

학교를 갓 졸업한 신출내기 딱따구리가 나무에 착 달라붙어서 그동안 학교에서 배운 대로 나무를 쪼기 시작했다. 목에다 힘을 주고 겨냥을 잘 해서 한 번에 탁! 하고 쪼았더니 신기하게도 나무가 조금 떨어져 나갔다.

이번에는 두 번째로 더 힘을 주어 쪼아댔다. 그러자 나뭇조각이 조금 더 많이 튀어나왔다. '아! 이거 괜찮은데' 하면서 혼잣말로 중얼댔다.

이제 세 번째로 더욱 목에 힘을 잔뜩 주고는 나무를 겨냥해서 쪼아댔는데 마침 그 순간 어떤 일이 일어났습니까?

하늘에서 벼락이 떨어지며 그 나무를 때렸다. 깜짝 놀라 나무에서 떨어진 딱따구리가 부러져 나간 큰 나무를 보고 이렇게 말했다. "과연 내가 힘을 내어서 세 번째로 꽉 하고 찍었더니….”

신출내기 딱따구리는 그 나무의 중간이 부러져 버린 것이 자기가 세 번 찍어서 된 것으로 착각했던 것이다.

바울은 고린도전서 15장 10절에 내가 나 된 것은 하나님의 은혜로 된 것이니…, 말씀하고 있다. 우리는 하나님이 천지를 진동하게 하시며 우리 인간들뿐만 아니라 만물이 하나님께서 만드셨음을 인정할 때 신앙까지도 은혜가 아닌 것이 없을 것이다.

41. 달을 보고 짖는 개 (10월 13일)

정직하게 살아왔던 어느 판사가 하원의원에 출마를 했다. 그런데 그와 같이 출마한 상대가 부당히 계속 공격을 가하자 한 기자가 찾아와 판사에게 질문을 했다. “판사님, 상대 후보가 계속 비난을 하고 있는데 어떻게 생각하세요?” 판사의 대답은 이렇다. “예, 나는 소년 시절에 개 한 마리를 키웠는데 보름달이 나타나기만 하면 마구 짖어대어 도저히 잠을 잘 수 없었습니다.” 그러자 기자가 다시 질문을 했다.

“무슨 말씀이신지…, 그것은 상대 후보의 비난과 공격에 대한 대답이 되지 않는다고 생각합니다.” 그러자 판사는 이렇게 대답을 하였다. “개는 보름달을 보고 그곳을 향해 마구 짖어대지만 달은 여전히 변함없이 계속 온 세상을 비추고 있었습니다. 나는 밝게 환히 비추는 달처럼 조용히 침착하게 빛을 발할 것입니다. 상대 적수에게 아무 말씀도 듣고 싶지 않았을 뿐입니다.”

우리는 그 판사의 답변에서 상대방이 어떤 비난과 언동에도 신경 쓰지 않았던 그 판사의 모습을 생각해 보아야 한다. 우리들도 정직하고 과묵했던 그 판사처럼 어쩌면 예수님께서는 골고다 언덕에서 십자가를 지고 온갖 조롱과 비난과 수모와 고통을 끝까지 참아내고 인류의 구속사를 전개하신 주님을 다시 한번 바라봐야 하지 않겠는가?

42. 예수란 사람 필요 없어 (10월 20일)

빌리 제을리라는 사람이 시카고 서쪽의 빈민가에서 휘튼 대학 동료들과 함께 복음을 전하고 있었다. 그는 길을 걷고 있는 어떤 사람을 발견하고는 다가가서 요한복음 3장 16절을 펴고 전도를 시작했다.

그러자 그 사람이 멈춰 서더니 이렇게 물었다. "당신, 내가 누군지 알아?" 그러자 빌리 제을리는 "아니요, 모릅니다." 대답했다.

그는 약간 화가 난 목소리로 "당신, 이와 짐머리라는 유명인사를 몰라? 내가 바로 수리바키산을 정복하고 자랑스러운 성조기를 정상에 꽂은 사람이야, 그때 우리는 여섯 명이었지. 지금 워싱턴에서는 우리를 위해 수백만 불을 들여 기념물을 세우고 있단 말이야, 나는 그 알아듣지 못할 구절이나 당신이 들고 있는 성경책 그리고 당신이 떠드는 예수란 사람 필요 없어!" 말하며 들은 체도 안 하고 그냥 지나치며 가버렸다.

그 후 석 달이 지난 뒤 빌리 제을리는 신문에서 이 교만한 그리스도 거부자의 사망 기사를 보았다. 그는 알코올중독과 폐결핵으로 애리조나 주의 한 작은 병원에서 고통 속에 신음하며 죽어 갔던 것이다.

이와 같이 하나님의 자비와 사랑과 은혜를 끝까지 거부하며 불신하는 자의 결말은 불 보듯 뻔한 사실이다.

43. 아름다움으로 가득 찬 (10월 27일)

어느 날 두더지가 나뭇가지 위에 앉아서 흥겹게 노래를 부르고 있는 종달새에게 물었다. "너는 왜 그렇게 시끄러운 소리를 내고 있니?"

종달새는 "나는 지금 노래하고 있는 거야." 말했다.

두더지가 말한다. "그것이 노래라고? 그러면 너는 무엇이 기쁘길래 노래를 그렇게 하고 있니?"

종달새가 말한다. "두더지야 보아라, 저 아름다운 나무들, 빛나는 햇빛, 시원한 바람, 저쪽에 있는 시냇가… 세상은 온통 아름다운 것들로 가득 차 있으니까 행복이 넘치지. 그래서 나는 노래한단다."

종달새의 말을 듣고 있던 두더지는 어이없다는 듯이 말했다. "바보 같은 소리! 나는 너보다 더 오래 이 세상 구석구석을 두루 다녀 보았고 이 세상을 너보다 더 잘 알아. 내가 너에게 말할 수 있는 것은 이 세상에는 벌레를 잡아먹는 일 외에는 아무것도 없다는 거야."

우리들도 이 두더지처럼 하늘을 모르고 언젠가는 땅속에 들어갈 때가 오겠지만 먹고 살기 위해서 벌레를 잡아먹어야 할까? 야고보를 죽인 헤롯은 하나님 영광을 가린 결과는 사도행전 12장 23절에 벌레가 그를 잡아먹었던 사건을 기억해야 할 것이다.

44. 도살장으로 따라가는 돼지들 (11월 3일)

어떤 몰이꾼이 돼지들을 도살장으로 몰아가고 있었다. 우연히 길을 지나던 한 남자가 보니 신기하게도 돼지들이 딴 길로 가지 않고 질서 있게 몰이꾼을 따라가고 있는 것이다.

궁금하게 생각한 이 남자는 몰이꾼에게 다가가 물어보았다. "지금 어디로 가세요." 그 몰이꾼은 "예, 도살장으로 갑니다." 대답했다. "그런데 어떻게 이 많은 돼지들을 하나도 빠뜨리지 않고 도살장으로 데려갈 수 있습니까?" 그 남자가 몰이꾼에게 다시 묻자 몰이꾼은 뭐라고 대답을 했을까요?

"저에게는 콩이 한 자루가 있습니다. 이것을 땅에다 조금씩 뿌리면서 가면 돼지들이 그것을 먹으려고 정신없이 따라옵니다." 그러면 쉽게 도살장까지 갈 수 있게 된다는 것입니다.

참으로 먹는 데 정신이 팔려서 자신들이 도살장으로 가고 있는 사실조차 모르고 죽음의 현장으로 어리석게 가고 있는 돼지들의 모습을 보면서 우리들도 반드시 예수님께서 말씀하신 의식주 문제를 떠나서 중요한 것은 천국이 있고 믿는 자에게 영생을 주고 계심을 성경대로 믿어야 한다.

45. 나의 소유물이 좋은 것을 모르고 (11월 10일)

인도의 한 상인은 자기가 소유하고 있는 집을 팔기로 하였다. 그래서 그는 광고 사원까지 고용하여 매매하려는 그 집을 신문에 내도록 하였다. 광고 사원은 그 집을 세밀하게 조사하여 그 구조와 시설을 분명하고도 정확하게 설명한 내용대로 신문에 광고를 냈다.

다음 날 아침 그 상인이 손에 신문을 들고 광고회사 사무실에 급하게 뛰어 들어왔다. 그리고 사람들에게 "집 파는 것 없어요!" 아무 말들이 없자 "난 그 집을 팔지 않겠소!" 매우 흥분된 목소리로 외쳤다.

"내가 이렇게 훌륭한 집을 가지고 있었다는 것을 몰랐다니, 내 평생에 이렇게 훌륭한 집은 찾지 못할 거야. 내가 소유하고 있었으면서 모르고 있었다니…."

우리 인간들도 이러한 단면의 모습들이 있는 것을 볼 수 있다. 우리는 현재 우리가 소유하고 있고 하나님으로부터 주신 분복에 많든 적든 감사할 줄 모르고 남의 탓만 한다면 그것이 무슨 소용이 있겠는가? 반석이 되시고 모퉁이 돌이 되시고 산 돌과 같은 주님의 터전 위에 신앙의 집들을 지었으면 좋을 것 같다.

46. 회개하고 주를 영접하라 (11월 17일)

알 존슨은 19세 때 다른 두 명의 강도와 함께 켄자스 은행을 털었던 사람이다. 당시 그 사건은 다른 두 사람이 교통사고로 죽는 바람에 미궁에 빠지게 되었고 알 존슨은 결코 범행이 발각되지 않을 것이라는 확신을 가지고 아름다운 아가씨와 결혼까지 하였다. 그는 기독교인이었던 그녀와 결혼하기 위해서 자신을 기독교인이라고 속이기까지 했다.

그러던 어느 날 집으로 우연찮게 '하나님의 구원계획'이라는 제목의 전도지가 배달되었다. 그것을 읽어 내려가는데 알 존슨의 눈앞을 사로잡는 것이 있었다. '누구든지 주의 이름을 부르는 자는 구원을 얻으리라'는 성경 구절을 읽고 또 읽어 봤다.

그는 항상 예전에 지은 죄로 인해 마음속에 가책을 느끼고 있었는데 그는 어떻게 하였을까요?

그는 무릎을 꿇고 하나님께 용서를 구하는 것만이 죄 사함을 받고 양

심의 가책에서 벗어날 수 있는 유일한 방법이라고 생각하고 예수그리스도를 구주로 영접하게 되었다. 요한복음 1장 12절에 영접하는 자 곧 그 이름을 믿는 자들에게 하나님의 자녀가 되는 권세를 주셨으니….

47. 창조자 하나님께 영광을 (11월 24일)

1808년 오스트리아 비엔나 음악대극장에서 하이든(Franz Joseph Haydn)의 대표적 오라토리오 '창조'를 연주하였다. 연주가 끝나자 청중들은 기립박수를 하며 찬사를 하였다. 그때 노령의 하이든이 휠체어를 타고 무대에 등장했다. 대작곡가인 하이든이 무대에 나타나자 청중들은 더욱 우레와 같은 박수를 보냈다. 그러자 하이든은 힘을 다해 자기가 타고 있던 휠체어에서 일어나며 청중들에게 이렇게 말했다.

"아닙니다, 저는 아닙니다. 하나님께 영광을 돌리십시오. 창조는 하나님이 하셨으니까요." 청중들은 또다시 우레와 같은 박수를 보냈다. 참으로 아름다운 곡을 만들어 하나님의 창조하심을 찬양한 하이든은 연속적으로 자신에게 주신 하나님께 오직 영광을 돌렸다.

오늘 이 시대를 살면서 우리는 고린도전서 10장 31절에 너희가 먹든지 마시든지 무엇을 하든지 다 하나님의 영광을 위하여 하라는 하나님의 말씀에 부합되는 삶을 살고 있는지? 다시 한번 돌아볼 일이다.

48. 우물 속의 새끼 고양이 (12월 1일)

우물 위에서 장난치던 새끼 고양이가 그만 우물 속으로 떨어졌다. 애타게 우는 고양이 소리를 듣고 농부가 달려왔다. 우물 속에 있는 조그만 돌 위에 간신히 몸을 의지하고 있는 새끼 고양이를 보고 농부는 두레박을 내렸다.

그러나 두레박이 자기 바로 옆까지 왔는데도 고양이는 겁을 먹은 탓인지 두레박 속으로 들어가지 않고 조그만 돌 위에 앉아 울기만 하고 있었다. 위에서 이 광경을 내려다보고 있는 농부는 그저 안타까울 뿐이었다.

고양이가 만약 사람의 말을 알아들을 수 있다면 얼마나 좋을까? 싶었다. '그 두레박을 앞발로 잡고 몸 전체를 두레박 속으로 들어가야 했다.' 그러나 새끼 고양이는 오랜 시간이 지났는데도 두레박 안으로 들어가지 않고 웅크리고 앉아 울고만 있는 것이다.

마침내 좀 더 시간이 흐르자 새끼 고양이는 온 힘을 다해 두레박 속으로 몸을 날렸고 그것을 본 농부는 두레박을 재빠르게 끌어 올려 무사히 구출하였다.

이처럼 우리 인간들도 여러 가지 시련과 고난을 겪은 후에 깨닫게 하시고 하나님께서 도와주시는 것은 '로마서 8장 18절에 생각하건대 현재의 고난은 장차 나타날 영광과 족히 비교할 수 없도다'와 연관해서 현재뿐만 아니라 앞으로 이루어질 하나님 나라까지 더 멀리 뵈는 미래까지를 소망해야 할 것이다.

49. 그 이름 때문에 (12월 8일)

어떤 미국인 여행객이 프랑스의 한 장신구점에 들어가서 낡은 목걸이 하나를 아주 싼값에 샀다. 그런데 귀국할 때 세관에서 그 목걸이의 원래 가격보다도 훨씬 많은 세금을 부과하는 것이었다.

이상한 생각이 들었던 그는 보석상을 찾아가 목걸이의 감정을 의뢰했는데 그 주인은 감정을 끝낸 후 그것을 2만 5천 불에 사겠다는 것이다. 놀란 그는 대체 이 싸구려 중고품 목걸이를 비싼 값에 사기를 원하느냐고 묻자 감정사는 빙그레 웃으면서 그를 현미경 앞으로 인도했다.

현미경을 통해 들여다본 그 목걸이에는 '조세핀에게, 나폴레옹으로부터'라는 글이 눈에 볼 수 없는 아주 작은 글씨가 적혀 있었기 때문이었다.

요한복음 15장 16절에 너희가 나를 택한 것이 아니요 내가 너희를 택하여 세웠나니 이는 너희로 가서 열매를 맺게 하고 또 너희 열매가 항상 있게 하여 내 이름으로 아버지께 무엇을 구하든지 다 받게 하려 함이라, 예수님이 구주이심을 믿고 기도하며 원하는 것이 이루어지시기를….

50. 더비 도자기 (12월 15일)

세계적으로 유명한 영국의 더비 도자기는 국왕이 품질을 보증하므로 크라운 더비라고도 불리며 세계 도처에서 주문이 쇄도했던 고급 도자기이다. 그러던 어느 날 미술대학에서 도자가 공장을 견학하러 왔다.

학생들은 직공이 검은색, 탁한 붉은색, 황갈색 등 여러 가지 색들을 칠하는 광경을 관심 있게 지켜보았다. 마침내 직공이 검은 물감으로 도자기의 둘레를 칠한 후 가마에 넣는 모습을 보니 들어갈 때는 어느 누가 봐도 형편없는 모습이었다.

얼마 후 도자기를 가마에서 꺼냈을 때 그것을 본 학생들은 일제히 탄성을 내었다. 검은색은 황금색으로 변했으며 탁했던 색깔들도 맑고 투명한 색이 되어 찬란하게 반짝이고 있었기 때문이었다.

만약에 더비 도자기가 가마 속의 뜨거운 열기를 견뎌내지 못했다면 그것은 크라운 더비가 되지 못했을 것이다.

이와 같이 하나님을 믿는 성도들도 이 세상을 살아갈 때 여러 가지 어려운 일을 만나기 마련이다. 이 더비 도자기가 불 속에서의 연단과정을 거쳐 아름다운 도자기로 탄생하듯 우리들도 불로 멸망받을 자가 아니라 예수님을 구주로 믿음으로 구원받아 천국 백성이 되어 범사에 어떠한 어려운 일을 만나도 끝까지 인내하고 기도와 말씀을 통하여 성령으로 변화되는 새사람이 되어야 한다.

51. 폭설의 밤길을 비춘 등불처럼 (12월 22일)

전등이 없던 시절에 있었던 일이다. 폭설이 쏟아지는 한밤중에 어떤 의사가 10킬로미터나 떨어진 먼 곳에 살고 있는 중환자의 가족으로부터 왕진 부탁을 받았다. 폭설이 쏟아지는데다가 칠흑 같은 어두운 밤길을 걱정하던 그 의사는 환자 집으로 가는 첫 번째 집에 전화를 걸어 길이 어둡지 않도록 창문에 불을 켜 둘 것을 부탁했다.

그리고 이웃집에 서로 연락하여 역시 길목마다 창문에 등불을 켜 둘 것을 부탁했다. 이렇게 하여 의사의 집으로부터 환자의 집에 이르는 길목의 모든 창문에 등불이 켜지게 되었다.

마침내 그 의사는 등불을 의지해 쏟아지는 폭설과 어둠을 뚫고 환자의 집까지 무사히 도착할 수 있었다.

이처럼 주를 믿는 성도는 자신에게 주어진 본분을 다해야 하며 마태복음 5장 15절에 사람이 등불을 켜서 말 아래에 두지 아니하고 등경 위에 두나니 이러므로 집안 모든 사람에게 비치느니라, 예수께서 말씀하신 빛과 소금이 되어야 한다.

52. 바보보다 더 바보 (12월 29일)

어느 날 귀족이 자기 집에 살고 있는 바보에게 지팡이를 주며 "너보다 더한 바보를 만나면 주어라." 말하고는 그를 내쫓아 버렸다. 그리고 몇 년이 지난 후 귀족이 몸이 아파 죽게 되었을 때 바보가 찾아왔다. 귀족은 힘없이 말하였다. "나는 곧 떠나야 해."

"주인님, 어디로 가시려고요?" "다른 세계로." "그럼 언제쯤 돌아오시죠?"

"아니, 난 결코 돌아올 수 없어."

"주인님, 그곳에 가기 위해 무엇을 준비하셨습니까?" "난 아무… 아무것도 준비하지 않았어." "정말 아무것도 준비하지 않으셨어요? 그럼, 이 지팡이를 가지세요, 비록 저는 바보지만 주인님과 같은 바보스러운 행동을 보지 못했습니다."

말하며 바보는 주인 곁에 지팡이를 세워 놓았다.

진짜 바보는 누구겠는가?

우리는 출애굽한 이스라엘 백성을 지도자 모세가 가나안 땅으로 인도할 때 여호와의 말씀대로 지팡이를 들고 손을 바다 위로 내밀어 홍해 바다도 육지같이 길을 내어 마른 땅이 되게 하셨다. 마침내 모세와 이스라엘 백성들이 다 건넌 후에 애굽 사람들의 병거와 마병과 그들 군대들이 몰살하고 물이 다시 흐르게 한 하나님의 기적 같은 사건을 잊지 말아야 한다. 지금도 역사를 이끌어 가시는 하나님은 하늘에 계시는데….

53. 잃어버린 영혼 (12월 31일)

어느 날 밤 그레이(James M. Gray)는 사람들과 함께 어울려 마음껏 먹고 술을 마셨다. 만취한 그는 파티가 끝난 후 한구석에서 우연히 이런 글을 보게 되었다. '예수께 속하지 않은 영혼은 이미 잃어버린 것이다.'

그 글을 보는 순간 그는 자신의 영혼을 향하여 날아오는 화살과 같은 강한 충격을 받게 되었다. '내 영혼을 잃어버렸구나' 하는 생각에 빠지자 그는 갑자기 혼란스러워지기 시작하였다. 그리하여 그는 무릎을 꿇고 하나님의 자비를 간구하게 되었다. 그날 밤처럼 절박하게 기도를 드린 적이 없었다.

'이 죄인에게 하나님께서 자비를 베푸시고 저의 영혼을 구원하소서.' 그는 눈물을 흘리고 이 기도를 수없이 되풀이하였다. 마룻바닥에 머리를 숙이고 고통에 가득 찬 심정으로 드린 기도를 하나님께서 들어주셨고 그날 밤 이후 더러운 진흙탕에 빠져 있는 그를 건져내어 훗날 미국 성공회의 주교로 무디성서학원 원장으로 하나님은 세워 주셨다.

베드로전서 1장 9절 믿음의 결국 곧 영혼의 구원을 받음이라, 이 말씀을 묵상하며 온 세계 땅끝까지 죽은 영혼들이 예수님을 주로 믿고 시인하여 구원받는 백성들과 나라와 민족이 되기를 기도하며 한 해를 마친다.

성경 묵상과 예화

초판인쇄 2023년 12월 15일
초판발행 2023년 12월 15일

지은이 정영철
펴낸이 채종준
펴낸곳 한국학술정보(주)
주 소 경기도 파주시 회동길 230(문발동)
전 화 031-908-3181(대표)
팩 스 031-908-3189
홈페이지 http://ebook.kstudy.com
E-mail 출판사업부 publish@kstudy.com
등 록 제일산-115호(2000. 6. 19)

ISBN   979-11-6983-869-6 03230